社会人常識マナー検定試験
第38回・第40回・第42回・第44回・第46回・第48回・第50回・第52回・第54回
過去問題集

2級

JN099482

＜目 次＞

はじめに

　この問題集は，本協会主催の検定試験の過去問題を収録し，作問の先生方による解説を
つけて1冊としたものです。

　本書に掲載された過去問題に取り組み，さらに出題範囲に目を通すことで，毎回出題される問題の傾向や形式をつかむことができ，受験される方にも役だてていただけることと
思います。

　試験問題対策には，過去の試験で実際に出題された問題を解く「過去問学習」が有効です。収録回数を3年分（9回分）に抑え，その分，丁寧な解説を加えているので反復練習
がしやすく，検定試験に合格できるだけの実力を確実に養成できます。
　試験直前の総仕上げや力試しとして，ぜひとも過去問題に取り組んでください。
　本書を有効に活用し，検定試験に合格されることを期待しています。また下位級からステップアップして上位級にチャレンジされることをおすすめします。
　ぜひ，学習教材の1つとしてご活用いただき，1人でも多くの方が見事合格されること
を祈ります。

　最後に，本書のためにご多用のところ問題の解答・解説にご尽力いただきました作問の
先生方のご支援に厚くお礼申し上げます。

令和6年4月

監修者　公益社団法人　全国経理教育協会

≪≪≪ 社 会 人 常 識 マ ナ ー ≫≫≫

目 標 ・ 概 要

　社会人として活躍するためには，『働く力』が必要となります。業務処理に必要な知識や技能からなる業務遂行能力（テクニカルスキル）と社内外の人と良好な人間関係を築く人間力（ヒューマンスキル）が求められます。

　仕事をする際には，挨拶から始まるお互いを尊重した言動を心がけ，必要な内容を相互理解していくことが重要になります。そのためには，企業・社会のしくみと一般的な社会常識を理解し，適切な敬語で話し，簡潔なビジネス文書にまとめ，相手に失礼にならない電話応対や接遇などのマナーを身につけていくことが求められます。

　業務経験を通じて継続的に成長し，自立した人材になるための基本的な条件は，ビジネス社会のルールを理解したうえで周囲とのコミュニケーションを図れることです。

　また，現代を生きる社会人として，国内外の社会・経済・環境変化などに対する基本的な情報や知識を持つことも必要不可欠です。

　社会人常識マナーとは，『社会常識（ビジネス社会・企業などの組織の一員として活躍するために必要な常識や心構え）』，『コミュニケーション（正しい言葉遣い・目的に応じた適切なビジネス文書作成などの意思伝達スキル）』，『マナー（職場のマナー・電話応対・来客応対・冠婚葬祭など業務処理に必要なビジネスマナー）』を習得することです。

　就職活動期からすでに学生の常識が通用しなくなります。正しい社会常識，ビジネスマナー，コミュニケーションを学び，積極的に活動してほしいと願っています。

　すでにビジネスパーソンとして活躍している方々には，さらなる目標達成のため，また社内外の人からの信頼を得るためにも有効に活用していただければ幸いです。

【社会常識】・・

1　級　社会情勢の変化をタイムリーに把握し，自らのキャリア形成に向けて主体的なスタンスを確立することの重要性と手法を習得している。

2　級　社会の仕組みや組織の機能・構造を理解し，経済用語やビジネス用語を活用しながら周囲と協働できる基礎力を習得している。

3　級　基本的な社会の仕組み・経済用語・ビジネス用語を理解して社会人として必要な基本的知識を習得している。

【コミュニケーション】・・

1　級　社外の取引先や顧客との信頼関係の構築，社内での円滑な人間関係を築くために効果的な話し方，相互理解のための伝達手段の選択と実行，適切なビジネス文書作成など，状況を判断して自発的に高度なコミュニケーション力を発揮できる知識・技能を習得している。

2　級　社内の人との良い人間関係を築き，尊敬語や謙譲語など正しい敬語を理解して，上位者からの指示を正確に受け正しく報告できる，迅速に適切な業務連絡ができる，社内文書の形式や用語などを理解できるなどの基本的な知識・技能を習得している。

3　級　社内外の人との良好な人間関係を築くために，適切な敬語表現を活用し，正確なビジネス文書を作成し，さまざまなビジネスシーンでの状況対応ができる幅広い知識・技能を習得している。

【ビジネスマナー】・・

1　級　社会のしきたりを理解し，円滑な交際業務が行え，来客応対・電話応対，会議，出張などにおいても高度な知識・技能を習得している。

2　級　自ら考え仕事を遂行するために必要な訪問のマナー，来客応対・電話応対の応用，社外との交際，会議参加・設営などの幅広い知識・技能を習得している。

3　級　指示された仕事を遂行するために，職場のマナー，来客応対・電話応対の基本，結婚・弔事のマナー，文書の取り扱いなどの知識・技能を習得している。

公益社団法人　全国経理教育協会　主催
文　部　科　学　省　後援

社会人常識マナー検定試験について

・試　験　日・試験時間・受　験　料・申込期間・試験会場・合格発表・申込方法・受験要項・出題範囲等

　全国経理教育協会ホームページをご覧ください。

全国経理教育協会
ホームページ

受験**要項**
出題範囲

［受験者への注意］

1．申し込み後の変更，取り消し，返金はできませんのでご注意ください。

2．受験者は，試験開始時間の10分前までに入り，受験票を指定の番号席に置き着席してください。

3．解答用紙の記入にあたっては，**HBもしくはBの黒鉛筆または黒シャープペン**を使用してください。

4．計算用具の持ち込みは認めていません。

5．試験は，本協会の規定する方法によって行います。

6．試験会場では試験担当者の指示に従ってください。

　この試験についての詳細は，本協会又はお近くの本協会加盟校にお尋ねください。

郵便番号　170−0004

東京都豊島区北大塚1丁目13番12号

公益社団法人　全国経理教育協会
helpdesk@zenkei.or.jp

受験番号 ｜ ｜ ｜ ｜ ｜ ｜

第38回社会人常識マナー検定試験
問 題 用 紙

2 級

（令和3年6月5日施行）

問題用紙は回収します。持ち帰り厳禁です。

注　意

- **試験開始の合図があるまで，問題用紙は開かないでください。**
- 試験問題1部と解答用マークシート1枚があります。
- 試験問題は，全部で7ページです。
- 試験問題と解答用マークシートを，試験担当者の指示にしたがって確認してください。ページ不足や違いがある人は，試験担当者まで申し出てください。
- この試験の制限時間は1時間です。
- 解答は，問題の指示にしたがい，すべて解答用マークシートの指定の位置をマークしてください。
- 解答用マークシートの所定の位置に，試験会場，氏名，学校コード，受験番号を必ず記入してください。また，受験級，学校コード，受験番号は，該当する位置を正しくマークしてください。記入漏れやマーク漏れがある場合には，採点の対象とならない場合があります。
- マークは，HBもしくはBの黒鉛筆または黒シャープペンを使用してください。訂正する場合は，プラスチック消しゴムでよく消してください。
- 解答用マークシートの所定の欄以外には，何も記入しないでください。また，折り曲げたり，汚したりしないでください。
- 解答は次の例題にならって，解答マーク欄をマークしてください。

  例題　大阪府より面積の狭い都道府県はどこか。正しいものを選びなさい。
  （ア）東京都　　（イ）神奈川県　　（ウ）沖縄県　　（エ）香川県　　（オ）佐賀県
  正しい答は（エ）香川県　ですから，次のようにマークしてください。

  例題　　　ア　　　イ　　　ウ　　　■　　　オ

- 印刷の汚れや乱丁，筆記用具の不具合等で必要のある場合は，手をあげて試験担当者に合図してください。

主　催　公益社団法人　全国経理教育協会
後　援　文　部　科　学　省

第1問 【社会常識】

設問1 次の意味を表す四字熟語およびことわざ・慣用句として正しいものを選びなさい。（5点）

1．物事がすべて思いどおりに進んで，はかどっていること
（ア）平穏無事　　（イ）順風満帆　　　（ウ）共存共栄　　　（エ）紆余曲折

2．自分ひとりの判断で，勝手に行動すること
（ア）自業自得　　（イ）独立独歩　　（ウ）我田引水　　　（エ）独断専行

3．周囲を敵に囲まれて，支援や助けを望めない状況のこと
（ア）表裏一体　　（イ）適材適所　　（ウ）起死回生　　　（エ）四面楚歌

4．素早く自由自在に現れたり隠れたりすること
（ア）奇想天外　　（イ）東奔西走　　（ウ）神出鬼没　　　（エ）悪戦苦闘

5．その場しのぎの対応をしてごまかすこと
（ア）お茶を濁す　　（イ）匙を投げる　　（ウ）鎬を削る　　（エ）木を見て森を見ず

設問2 次の名称を示す略語として正しいものを選びなさい。（5点）

1．情報通信技術
（ア）AI　　（イ）ILO　　（ウ）ICT　　（エ）CIO　　（オ）IMF

2．政府開発援助
（ア）OJT　　（イ）OEM　　（ウ）ODA　　（エ）LED　　（オ）LCC

3．国際標準化機構
（ア）COO　　（イ）IAEA　　（ウ）IOC　　（エ）IPO　　（オ）ISO

4．日本農林規格
（ア）JAS　　（イ）JARO　　（ウ）JIS　　（エ）JAXA　　（オ）JICA

5．研究開発
（ア）MBA　　（イ）M&A　　（ウ）REIT　　（エ）R&D　　（オ）QC

設問3 次の国の首都はどこか。正しいものを選びなさい。（5点）

1．マレーシア
（ア）ハノイ　（イ）カトマンズ　（ウ）リマ　　　（エ）リスボン（オ）クアラルンプール

2．タイ
（ア）マニラ　（イ）バンコク　（ウ）カイロ　　（エ）トリポリ（オ）ジャカルタ

3．イギリス
（ア）パリ　　（イ）ロンドン　（ウ）ローマ　　（エ）ベルン　（オ）アムステルダム

4．ロシア
（ア）キエフ　（イ）ブカレスト　（ウ）ワルシャワ　（エ）ソフィア（オ）モスクワ

5．ニュージーランド
（ア）ウィーン（イ）ダブリン　（ウ）ウェリントン（エ）オタワ　（オ）キャンベラ

1

設問4 次の文章の □ の中にあてはまるものを語群の中から選びなさい。（重複不可）（5点）

　仕事を通してキャリアを形成することの重要性は広く認識されている。組織変更や□1□によって新しい環境に対応しつつ，知識やスキルを身に付ける必要性に迫られたり，ＯＦＦ－ＪＴの一環として□2□の機会を与えられたりすることもある。しかし，周囲や会社から与えられる機会を待つだけではなく，自分自身で□3□を設定して積極的に機会を作り出すことが，キャリアを形成していく上では重要である。より多くの経験をすることによって能力を高め，なりたい自分になるための□4□を維持していくことも大切である。
　キャリアとは過去の実績や職歴だけを意味するものではなく，将来を含めた□5□で捉えて自ら形成していくべきものである。

語群	ア	時間軸	イ	意欲	ウ	人事異動	エ	目標	オ	研修

設問5 次の文章の □ の中にあてはまるものを語群の中から選びなさい。（5点）

　現代社会は，「ヒト」「モノ」「カネ」「□1□」が国の枠組みを超えて流通するボーダーレス社会である。地域間の経済連携を強化させることにより，地域の活性化や成長を推進させていく動きが続いている。ヨーロッパのＥＵ，アフリカの□2□，環太平洋の□3□，そして最近では日本とヨーロッパでも経済連携協定を締結している。
　また，地域の連携のみに留まらず，世界規模での経済の安定を図るための取り組みも強化され，共通のルールやシステムなど標準的な基準を設定する□4□も国際化の象徴として推進されている。さらに，インターネットの普及を軸とした□5□革命は，ビジネスのみならず日常生活にも大きな変革を生み出している。

語群	ア	ＩＴ	イ	ＴＰＰ	ウ	グローバルスタンダード	エ	ＡＵ	オ	情報

設問6 次の文を読んで正しいものにはアを，誤っているものにはイを選びなさい。（5点）

1．デフレーションとは，一般的に不況時に物価水準が持続的に上昇を続けていく現象のことである。
2．2005年の新会社法成立によって，株式会社は資本金が1円から設立が認められるようになった。
3．雇用保険とは，労働者が失業などによって収入を得ることのできない状況に陥った際，生活の維持安定のために給付を受給できる社会保険である。
4．消費税は，納税者と納税義務のある者が一致している直接税の一つである。
5．ビジネスにおける企業間取引をＢｔｏＢ，企業と消費者間の取引をＢｔｏＧという。

2

第2問 【コミュニケーション】

設問1　次の文はビジネス文書について述べたものである。関係のあるものを語群の中から選びなさい。

（5点）

1．取引をするにあたってお互いが了承した取引条件を明記した文書
2．こちらの要望を伝えて，相手に行動を起こしてもらうための文書
3．不明な点を問い合わせて，的確な回答を得るための文書
4．案件を関係者に回して，その承認や決裁を求める文書
5．約束したことが実行されない場合，それを強く要求する文書

語 群	ア	照会状	イ	督促状	ウ	契約書	エ	稟議書	オ	依頼状

設問2　次の文は社外の人に対しての言葉遣いである。適当なものにはアを，不適当なものにはイを選びなさい。（5点）

1．（会議資料を事前に見ておいてほしいとき）
　　「恐れ入りますが，会議資料を事前にご覧になられてくださいますか」
2．（申込書に記入して送ってほしいとき）
　　「お手数ですが，申込書にご記入していただき，お送りしてください」
3．（面談の日程変更をお願いするとき）
　　「誠に申し訳ございませんが，面談の日程を変更させていただけませんでしょうか」
4．（新商品説明会で遅くまで手伝ってくれた関係者にお礼を言うとき）
　　「遅くまでご苦労さまでございました。おかげで本当に助かりました」
5．（そのことは担当者が聞きますと言うとき）
　　「そちらの件につきましては，担当の者が承ります」

設問3　次の文は注意・忠告をするときに気をつけることを述べたものである。適当なものにはアを，不適当なものにはイを選びなさい。（5点）

1．改善点が分かりやすく伝わるように，他の人の良いところをほめて比較しながら注意する。
2．他の人にも改善してもらいたいので，必ず皆の前で注意する。
3．注意を受ける人が感情的にならないように，口頭ではなく文書で注意する。
4．改善されていればほめ，改善されていなければ繰り返し注意をする。
5．注意した後に改善されているかどうか効果を見守る。

3

設問4 次は会社の創立30周年祝賀会の案内状に記載した内容である。もっとも不適当と思われるものを一つ選びなさい。（4点）

ア．開催日時
イ．会場名と住所
ウ．式次第
エ．来賓者名
オ．出欠の方法と連絡先

設問5 次のような状況での対応として、もっとも適当と思われるものを一つ選びなさい。（4点）

『取引先からの紹介でシステム開発会社の営業担当者と会うことになり、新システム導入の提案を聞くことになった。上司からは今年は予算が取れないので断るようにと言われている。このような場合の営業担当者への対応である』

ア．名刺を相手の方に向けて出し「はじめまして、どうぞよろしく」と挨拶をした。
イ．相手から名刺をもらったので「どうも」とお礼を言って受け取った。
ウ．「本日は新システム導入についてのご提案でございますね」と早めに話を切り出した。
エ．「せっかく来てくれたのに申し訳ございませんが、今年は予算が取れませんでしたのでお断りするようにと上司から申し付かっております。次年度は予算が取れるかもしれません」と次年度のことは推測で言った。
オ．「数回お越しいただきましたら、会社として再検討できるかもしれません」と自分の判断で言った。

設問6 次のような状況での対応として、もっとも不適当と思われるものを一つ選びなさい。（4点）

『上司の大塚課長と一緒に取引先を訪問することになり、面談の申し込みの電話を掛けるように指示された。できるだけ早い方がよいが、取引先の都合に合わせるようにとのことである』

ア．取引先の担当者は面識がない相手だったので「私、○○株式会社△△部の○○と申します。これから大変お世話になるかもしれません」と挨拶をした。
イ．面談の目的を伝え「私どもの課長の大塚と伺いたいのですが、ご都合のよろしいときに1時間ほどお時間をいただけませんでしょうか」と相手の意向を確認した。
ウ．担当者が訪問を了承し、わざわざ来てもらって申し訳ないと言ったので「とんでもないことです。お時間をいただきましてありがとうございます。私どものお願いでございますので」と言った。
エ．取引先の担当者から仕事が立て込んでいるので、来週にしてもらいたいと言われたので、来週月曜日の都合を聞いた。
オ．担当者から調整するので少し待ってもらえないかと言われたので「お手数をおかけして申し訳ございません」と詫びた。

第3問 【ビジネスマナー】

設問1 次の文は電話応対について述べたものである。適当なものにはアを，不適当なものにはイを選びなさい。（5点）

1．相手の名前がはっきり聞き取れないときは，聞き返すようにしている。

2．名指し人が休暇中のときは，休暇の理由は伝えず，休みを取っていることを伝えるようにしている。

3．問い合わせの電話の際，内容がよく分からないときは先輩社員に代わってもらうようにしている。

4．クレームの電話の際，こちらの落ち度でないこともあるため，言い分を理解してもらうように説得する。

5．自社への道順を尋ねる電話の際は，いつ来社予定か，誰を訪ねるのか，用件を確認してから応えるようにしている。

設問2 次の文は職場のマナーについて述べたものである。適当なものにはアを，不適当なものにはイを選びなさい。（5点）

1．外出中の同僚から戻りが30分ほど遅くなると連絡が入ったときは，行動予定表にある同僚の名前の欄に，戻る予定時間を書くようにしている。

2．来週開催するミーティングについて課員に連絡するときは，課員の在席を確認してからメールで送るようにしている。

3．自社の社名入りのボールペンは宣伝になるので自分で使用したり，友人にあげたりしている。

4．後輩に仕事を依頼するときは「いつもと同じで」と言って説明は省略している。

5．他の部署に入るときはノックをするが，自分の事務室に入るときはノックをしないで入るようにしている。

設問3 次の文は来客応対について述べたものである。適当なものにはアを，不適当なものにはイを選びなさい。（5点）

1．予約時刻を過ぎて来社した客には，遅れた理由を聞くようにしている。

2．予約のない客が初めて来社した際は，名刺をもらいたいと言って預かるようにしている。

3．来客が雨で濡れたコートと傘を持っていたときは，受付で預かろうかと伝えるようにしている。

4．名指し人が会議中，転勤の挨拶に来たという客には謝罪し断るようにしている。

5．セールス客など，誰に取り次げばよいか判断に迷うときは総務部に対応してもらう。

5

設問4 次の贈り物にふさわしい上書きを語群の中から選びなさい。（5点）

1．結婚祝いの返礼品
2．入院している知人への見舞品
3．香典のお返し
4．来店した客に渡す宣伝活動の品
5．金額を明示しない寄付金

語 群	ア	金一封	イ	粗品	ウ	志	エ	祈御全快	オ	内祝

設問5 次の資料はどの部署に問い合わせをしたらよいか，あてはまるものを語群の中から選びなさい。（重複不可）（5点）

1．前年度の決算書
2．取締役会の議事録
3．市場調査の報告書
4．次年度の採用計画書
5．販売店一覧表

語 群	ア	経理部	イ	企画部	ウ	営業部	エ	人事部	オ	総務部

設問6 次のファイリング・保管用具についてあてはまるものを語群の中から選びなさい。（5点）

1.

2.
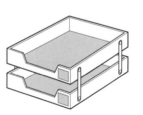

3.
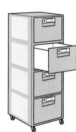

4.

5.

語 群	ア	名刺整理箱	イ	キャビネット	ウ	名刺整理簿	エ	レターファイル	オ	デスクトレイ

6

設問7　次の文は社内会議の運営について，当日順に行ったことである。適当なものにはアを，不適当なものにはイを選びなさい。（5点）

1．会議開始20分前に，使用する部屋の照明や空調，換気の調整を行った。
2．会場の設営は全員が顔を見合わせられるようスクール型にした。
3．資料をプロジェクターで投影するため，正常に動くか機器を確認した。
4．参加者が会議室に入ってきたので，部署名と氏名を聞き，出席予定者リストに出席の印を付けた。
5．会議出席者への緊急の電話は，口頭で取り次いだ。

設問8　次は料金別納郵便について述べたものである。もっとも不適当と思われるものを一つ選びなさい。（4点）

ア．郵便物は，同一料金であることが必要である。
イ．同時に10通以上発送する場合に利用できる。
ウ．大量の郵便物を差し出すときに，切手を貼る手間が省ける。
エ．万一郵便物が破損したり，届かなかった場合は賠償を受けられる。
オ．料金は差し出すときに，郵便切手または現金で支払う。

設問9　次の文は同僚の結婚式に出席する際のマナーについて述べたものである。もっとも適当と思われるものを一つ選びなさい。（4点）

ア．男性の場合，服装はブラックスーツに白かシルバーグレーのネクタイを身につける。
イ．品物を贈る際は，正式には郵送が望ましいが，手渡しするときは結婚式後に渡す。
ウ．祝儀袋の上書きは「寿」とし，薄墨で書く。
エ．受付では，「本日はおめでとうございます」と挨拶し，祝儀袋とふくさを一緒に渡す。
オ．コートは邪魔になるため折りたたんで椅子の背もたれに掛ける。

7

受験番号 □□□□□□□

第40回社会人常識マナー検定試験
問　題　用　紙

2 級

（令和3年9月25日施行）

問題用紙は回収します。持ち帰り厳禁です。

注　意

- **試験開始の合図があるまで，問題用紙は開かないでください。**
- 試験問題1部と解答用マークシート1枚があります。
- 試験問題は，全部で7ページです。
- 試験問題と解答用マークシートを，試験担当者の指示にしたがって確認してください。ページ不足や違いがある人は，試験担当者まで申し出てください。
- この試験の制限時間は1時間です。
- 解答は，問題の指示にしたがい，すべて解答用マークシートの指定の位置をマークしてください。
- 解答用マークシートの所定の位置に，試験会場，氏名，学校コード，受験番号を必ず記入してください。また，受験級，学校コード，受験番号は，該当する位置を正しくマークしてください。記入漏れやマーク漏れがある場合には，採点の対象とならない場合があります。
- マークは，HBもしくはBの黒鉛筆または黒シャープペンを使用してください。訂正する場合は，プラスチック消しゴムでよく消してください。
- 解答用マークシートの所定の欄以外には，何も記入しないでください。また，折り曲げたり，汚したりしないでください。
- 解答は次の例題にならって，解答マーク欄をマークしてください。

　　例題　大阪府より面積の狭い都道府県はどこか。正しいものを選びなさい。
　　（ア）東京都　　（イ）神奈川県　　（ウ）沖縄県　　（エ）香川県　　（オ）佐賀県
　　正しい答は（エ）香川県　ですから，次のようにマークしてください。

　　　　　記入例　　　⌒ア⌒　　⌒イ⌒　　⌒ウ⌒　　■　　⌒オ⌒

- 印刷の汚れや乱丁，筆記用具の不具合等で必要のある場合は，手をあげて試験担当者に合図してください。

主　催　公益社団法人　全国経理教育協会
後　援　文　部　科　学　省

第1問 【社会常識】

設問1 次の意味を表す四字熟語およびことわざ・慣用句として正しいものを選びなさい。（5点）

1．大切な根幹と，そうでないことの優先順位を取り違えること
　　（ア）我田引水　　　　　（イ）五里霧中　　　　　（ウ）枝葉末節　　　　　（エ）本末転倒

2．これまでに一度もなく，これからもありそうもない珍しいこと
　　（ア）半信半疑　　　　　（イ）空前絶後　　　　　（ウ）絶体絶命　　　　　（エ）天変地異

3．あまりにひどすぎて，話にならないこと
　　（ア）奇想天外　　　　　（イ）切磋琢磨　　　　　（ウ）言語道断　　　　　（エ）波乱万丈

4．視野を広く持ち，大局的に物事を見ること
　　（ア）大同小異　　　　　（イ）大義名分　　　　　（ウ）大所高所　　　　　（エ）日進月歩

5．これ以上ないほどの大変つらい気持ちのこと
　　（ア）損して得取れ　　　（イ）断腸の思い　　　（ウ）棚から牡丹餅　　　（エ）虻蜂取らず

設問2 次の名称を示す略語として正しいものを選びなさい。（5点）

1．世界保健機関
　　（ア）IOC　　　　（イ）JOC　　　　（ウ）WCO　　　　（エ）WHO　　　　（オ）WTO

2．国際通貨基金
　　（ア）IAEA　　　（イ）ICT　　　　（ウ）ILO　　　　（エ）IMF　　　　（オ）ISO

3．アメリカ航空宇宙局
　　（ア）ASEAN　　（イ）ATM　　　　（ウ）JAXA　　　（エ）NASA　　　（オ）REIT

4．非営利組織
　　（ア）JICA　　　（イ）JIS　　　　（ウ）NGO　　　　（エ）NISA　　　（オ）NPO

5．北大西洋条約機構
　　（ア）MBA　　　（イ）MR　　　　（ウ）NATO　　　（エ）NPT　　　　（オ）OECD

設問3 次の国の首都はどこか。正しいものを選びなさい。（5点）

1．フランス
　　（ア）ロンドン　（イ）ローマ　　　（ウ）ミラノ　　　（エ）パリ　　　（オ）ソフィア

2．オーストリア
　　（ア）ベルン　（イ）ベルリン　　（ウ）キャンベラ　（エ）ウィーン　（オ）アムステルダム

3．ベトナム
　　（ア）ハノイ　（イ）プノンペン　（ウ）ホーチミン　（エ）バンコク　（オ）ニューデリー

4．フィリピン
　　（ア）カイロ　（イ）マニラ　　　（ウ）ジャカルタ　（エ）ハバナ　　（オ）ネーピードー

5．ギリシャ
　　（ア）アテネ　（イ）プラハ　　　（ウ）マドリード　（エ）モスクワ　（オ）ストックホルム

1

設問4 次の文章の ☐ の中にあてはまるものを語群の中から選びなさい。（5点）

　仕事をする上で，ゴール・指標となるものが目標である。どのような状態に到達したいのか，明確な目標の存在が成果や結果に大きな影響を与える。目標を設定する際，時間的な制限となる ［1］ が設定されていること，後で振り返って達成要因や失敗要因を検証するためにも具体的な表現になっていること，さらには前向きな発想や行動が疎外されないために ［2］ なレベルになっていることが大切である。

　目標は，どのような成果を出すのかという ［3］ 目標と，そのためにどういった役割や機能を果たすのかという行動目標とに分類することができる。さらに異なる視点から見ると，一人ひとりの状況に応じて設定される個人目標と，それらを統合して設定される ［4］ 目標とに分けることができる。一人ひとりが，自身の目標の ［5］ をしっかりと理解して役割と責任を果たすことで，［4］ 目標を達成することが可能となる。

語群	ア	意義	イ	納期	ウ	業績	エ	達成可能	オ	組織

設問5 次の文章の ☐ の中にあてはまるものを語群の中から選びなさい。（5点）

　企業が社会から信頼を得て存続していくためには，［1］ の徹底と情報開示の推進，説明責任の強化が重要である。しかし，残念ながら企業の不祥事は未だに後を絶たない。人事管理体制の不備による残業代の不払いや過労死の問題，採用・昇進昇格などでの ［2］ による差別，不法投棄やリコールの必要性を隠しての ［3］ の回避，上司や異性による ［4］ の横行など数え上げるときりがない。企業としての問題意識や危機意識が不足しているだけではなく，自社都合の勝手な ［5］ による組織経営が原因ともいえる。このような事例は，社会からの信頼感を一気に低下させ，企業ブランドを大きく傷つけ，企業の存続危機にまで発展する可能性もある。

語群	ア	性別	イ	ハラスメント	ウ	法令遵守	エ	判断基準	オ	費用負担

設問6 次の文を読んで正しいものにはアを，誤っているものにはイを選びなさい。（5点）

1．APECとは，関税の撤廃・削減や，投資・知的財産など幅広い分野で共通ルールを定めた環太平洋経済連携協定の略称である。
2．会社経営の効率化のために，業務を外部の専門家に委託することをアウトサイダーという。
3．関税率を上げたり輸入量の制限を設けたりすることによって，輸入品が国内に入りにくい状態を作り，国内生産者を保護する措置のことをセーフガードという。
4．国の財源となる税金を納める先によって分類すると，所得税や法人税などの国税と固定資産税や自動車税などの地方税とに分けることができる。
5．他社の買収の際に，不特定多数の株主から株式を買い集めることをマネジメント・バイアウト（MBO）という。

2

第2問 【コミュニケーション】

設問1　次の文章は身だしなみについて述べたものである。　□　の中にあてはまるものを語群の中から選びなさい。（5点）

　　ビジネスでは一人ひとりが会社の　1　として，ふさわしい身だしなみに気を配らなければならない。身だしなみのポイントは，まず　2　である。襟元や袖口の汚れなど細部に気を付ける。また，　3　で，動きやすくビジネスにふさわしい服装にする。自分の立場や場所をわきまえ，周囲と　4　した服装を心がける。華美ではなく　5　で相手から信頼される身だしなみを心がけ，相手を不快にさせないよう立ち居振る舞いや言葉遣いにも気を配るようにする。

語群	ア	機能的	イ	控えめ	ウ	代表	エ	清潔感	オ	調和

設問2　次の文は社外の人に対しての言葉遣いである。適当なものにはアを，不適当なものにはイを選びなさい。（5点）

1．お手数をおかけしますが，商品カタログをお送りしていただけませんでしょうか。
2．恐れ入りますが，ここに掛けてお待ちいただけますでしょうか。
3．ご予約の大塚様でいらっしゃいますね。お待ちしておりました。
4．お客様がおっしゃられたことは，確かに承りました。
5．そちらの件につきましては，受付でお尋ねください。

設問3　次の文章は6月に取引先へ送った新製品発表会の案内状の一部である。　□　の中にあてはまるものを語群の中から選びなさい。（5点）

　　1　麦秋の候　貴社ますます　2　のこととお喜び申し上げます。
　　3　は格別のご高配を賜り厚くお礼申し上げます。
　　さて，このたび　4　では新製品Aを開発，販売いたすことになりました。
　　つきましては，下記のとおり発表会を開催いたします。ご多忙のところ恐縮ですが，何とぞご来場　5　ますようお願い申し上げます。

語群	ア	拝啓	イ	弊社	ウ	賜り	エ	ご隆盛	オ	平素

設問4　次は報告の仕方について述べたものである。もっとも不適当と思われるものを一つ選びなさい。（4点）

ア．仕事が終わったら，指示を出した人にすみやかに報告する。

イ．悪い知らせやマイナス情報は，相手の機嫌がよいときに報告する。

ウ．簡潔に，「結論　→　理由　→　経過」の順に報告する。

エ．状況に応じて中間報告をする。

オ．事実と意見を区別して報告する。

設問5　次は電話応対での言葉遣いである。もっとも不適当と思われるものを一つ選びなさい。（4点）

ア．（自分では分からないことを聞かれたとき）
　「恐れ入りますが，私では分かりかねますので，担当の者と代わります」

イ．（部署を間違えて掛かってきたとき）
　「恐れ入ります。こちらは○○課でございますが，どちらにお掛けでしょうか」

ウ．（相手の声が小さくて聞こえないとき）
　「申し訳ございません。お声が小さくてよく聞こえません。もう少し大きな声でおっしゃって
　いただけますでしょうか」

エ．（伝言を聞くとき）
　「課長の大塚が戻りましたら，○○様にご連絡するように申し伝えます」

オ．（相手の用件を聞くとき）
　「お差し支えなければ，ご用件をお聞かせいただけますでしょうか」

設問6　次のような状況での対応として，もっとも適当と思われるものを一つ選びなさい。（4点）

　上司から「頼んでおいた会議資料はできているか」と尋ねられた。1週間前に頼まれていたが，
会議は三日後なのでまだ取り掛かっていなかった。

ア．「申し訳ございません。この1週間，とても忙しかったので手が付けられませんでした。これ
　から作成します」と言った。

イ．「申し訳ございません。会議はまだ先なので明日取り掛かります」と言った。

ウ．「申し訳ございません。急ぎでしたら，次からはそのようにおっしゃってください」と言った。

エ．「申し訳ございません。すぐに取り掛かります。夕方までには仕上がると思います」と言った。

オ．「申し訳ございません。会議は三日後ですよね。急ぎますか」と言った。

第3問 【ビジネスマナー】

設問1　次の文は機密の扱い方について述べたものである。適当なものにはアを，不適当なものにはイを選びなさい。（5点）

1．郵送するときは，簡易書留で送り，先方には電話でも機密文書を送ったことを連絡している。
2．社外秘の資料を課員に貸し出すときは，取り扱いに注意するように伝えて渡している。
3．社内の人に配付するときは，機密と分かるように「秘」と書かれた封筒に入れて渡している。
4．メールで送るときは，パスワードを設定して送るようにしている。
5．コピーする際，周囲に人がいるときは社外秘のコピーをしていることを話し，離れてもらうように頼むようにしている。

設問2　次の文は名刺交換について述べたものである。適当なものにはアを，不適当なものにはイを選びなさい。（5点）

1．いつでも名刺交換ができるように，名刺入れには十分な枚数を入れておくようにする。
2．名刺交換は，基本的には上位者から下位者へ順に差し出すようにする。
3．名刺交換は，基本的に，座った状態で行うようにする。
4．名刺は相手が読みやすいように向けて両手で差し出すようにする。
5．受け取った名刺は面談が終わるまでテーブルの上に置いておくようにする。

設問3　次の文は電話応対について述べたものである。適当なものにはアを，不適当なものにはイを選びなさい。（5点）

1．内線電話と外線電話の両方が鳴っているときは，内線電話を優先して取るようにしている。
2．相手が名乗ったら，メモを取り，復唱確認をするようにしている。
3．受けた電話が間違い電話であっても，会社の印象にも影響を与えるため，感じのよい応対を心がける。
4．名指し人に取り次ぐときは，相手に聞こえないように，手で受話器をふさいで「全経商事の大塚さんからお電話です」と小声で伝える。
5．名指し人が会議中のときは，内線で必ず取り次ぐようにしている。

5

設問4 次の印についてあてはまるものを語群の中から選びなさい。（5点）

1. 文書作成者の責任を明らかにするために氏名の記載とともに押す印
2. 宅配便の受け取りなど日常生活でよく使う印
3. 二枚以上にわたる契約書が一つの文書であることを証明するために押す印
4. 市区町村の役所や役場に登録してある印
5. 切手や収入印紙を使用した証拠に押す日付入りの印

語 群	ア	捺印	イ	実印	ウ	認印	エ	契印	オ	消印

設問5 次の会議用語についてあてはまるものを語群の中から選びなさい。（5点）

1. 会議成立に最低限必要な出席者の人数
2. 予定された議案以外に，議題を口頭で提出すること
3. 組織の上位者が，下位者に特定の問題について意見を求めること
4. 協議の結果，賛成と反対が同数になった場合，議長が投票権を行使すること
5. 挙手，起立，投票などの方法で議案の可否を決めること

語 群	ア	キャスティング・ボート	イ	諮問	ウ	採決	エ	定足数	オ	動議

設問6 次はカタログ・雑誌について述べたものである。関係のあるものを語群の中から選びなさい。
（5点）

1. 発行年月日や著者などが記載されている部分
2. 会社案内や商品紹介などのページ数が少ない小冊子
3. 大学や研究所などの研究論文集
4. 過去に発行された出版物
5. 政党や団体が発行する新聞

語 群	ア	既刊	イ	機関紙	ウ	奥付	エ	パンフレット	オ	紀要

6

設問7　次は結婚式の返信はがきのイラストである。出席するときの書き方について適当なものにはアを，不適当なものにはイを選びなさい。（5点）

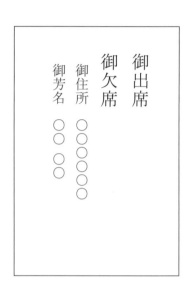

1．「行」は，二重線で消し，横に「御中」と書いた。
2．「御出席」は，「御」のみ二重線で消し，余白にお祝いの言葉を添えた。
3．「御欠席」は，二重線で消した。
4．「御住所」は，「御」のみを二重線で消した。
5．「御芳名」は，「御」のみを二重線で消した。

設問8　次の郵便物のうち，ポストに投函して送ることができるものを一つ選びなさい。（4点）

ア．現金書留
イ．ゆうメール
ウ．ゆうパック
エ．簡易書留
オ．料金別納郵便

設問9　次の文は取引先担当者と食事をする際のマナーについて述べたものである。もっとも不適当と思われるものを一つ選びなさい。（4点）

ア．椅子に座る際は，取引先担当者が着席してから座るようにした。
イ．食事の際は，趣味やスポーツなど明るい雰囲気になるような話題にした。
ウ．食べる速度は，相手に合わせるようにした。
エ．食事中，床にナイフを落としてしまった際は，店の人を呼んで対応してもらった。
オ．食事が終わったら，ナイフとフォークは皿の端の左右にハの字形になるように置いた。

7

受験番号 ｜ ｜ ｜ ｜ ｜ ｜

第42回社会人常識マナー検定試験
問 題 用 紙

2 級

（令和4年1月15日施行）

問題用紙は回収します。持ち帰り厳禁です。

注 意

- **試験開始の合図があるまで，問題用紙は開かないでください。**
- 試験問題1部と解答用マークシート1枚があります。
- 試験問題は，全部で7ページです。
- 試験問題と解答用マークシートを，試験担当者の指示にしたがって確認してください。ページ不足や違いがある人は，試験担当者まで申し出てください。
- この試験の制限時間は1時間です。
- 解答は，問題の指示にしたがい，すべて解答用マークシートの指定の位置をマークしてください。
- 解答用マークシートの所定の位置に，試験会場，氏名，学校コード，受験番号を必ず記入してください。また，受験級，学校コード，受験番号は，該当する位置を正しくマークしてください。記入漏れやマーク漏れがある場合には，採点の対象とならない場合があります。
- マークは，HBもしくはBの黒鉛筆または黒シャープペンを使用してください。訂正する場合は，プラスチック消しゴムでよく消してください。
- 解答用マークシートの所定の欄以外には，何も記入しないでください。また，折り曲げたり，汚したりしないでください。
- 解答は次の例題にならって，解答マーク欄をマークしてください。
  例題　大阪府より面積の狭い都道府県はどこか。正しいものを選びなさい。
  （ア）東京都　　（イ）神奈川県　　（ウ）沖縄県　　（エ）香川県　　（オ）佐賀県
  正しい答は（エ）香川県　ですから，次のようにマークしてください。

  記入例　　　　ア　　　イ　　　ウ　　　■　　　オ

- 印刷の汚れや乱丁，筆記用具の不具合等で必要のある場合は，手をあげて試験担当者に合図してください。

主 催　　公益社団法人　全国経理教育協会
後 援　文 部 科 学 省

第1問　【社会常識】

設問1　次の意味を表す四字熟語およびことわざ・慣用句として正しいものを選びなさい。（5点）

1．複数の実力者たちが，対抗して競い合うこと

（ア）一触即発　　　（イ）群雄割拠　　　（ウ）共存共栄　　　（エ）呉越同舟

2．周囲の意見や忠告を聞き流して，受け止めないこと

（ア）馬耳東風　　　（イ）前代未聞　　　（ウ）半信半疑　　　（エ）時期尚早

3．人間の力では，どうすることもできない力や事態のこと

（ア）他力本願　　　（イ）不言実行　　　（ウ）縦横無尽　　　（エ）不可抗力

4．昔のままで，進歩や改善をしていないこと

（ア）朝令暮改　　　（イ）日進月歩　　　（ウ）旧態依然　　　（エ）温故知新

5．流暢に話をする，弁舌によどみがないこと

（ア）立て板に水　　　（イ）背水の陣　　　（ウ）鶴の一声　　　（エ）石橋を叩いて渡る

設問2　次の名称を示す略語として正しいものを選びなさい。（5点）

1．アジア太平洋経済協力

（ア）AI　　　（イ）APEC　　　（ウ）ASEAN　　　（エ）EU　　　（オ）UNICEF

2．販売時点情報管理

（ア）PER　　　（イ）PKF　　　（ウ）PKO　　　（エ）POS　　　（オ）SI

3．世界貿易機関

（ア）ISO　　　（イ）OECD　　　（ウ）OPEC　　　（エ）WHO　　　（オ）WTO

4．日本工業規格

（ア）JA　　　（イ）JARO　　　（ウ）JAS　　　（エ）JICA　　　（オ）JIS

5．非政府組織

（ア）NASA　　　（イ）NATO　　　（ウ）NGO　　　（エ）NPO　　　（オ）NPT

設問3　次の国の首都はどこか。正しいものを選びなさい。（5点）

1．カンボジア

（ア）ハノイ　　　（イ）バンコク　　　（ウ）プノンペン　　　（エ）ソウル　　　（オ）ジャカルタ

2．ポルトガル

（ア）ローマ　　　（イ）リスボン　　　（ウ）ワルシャワ　　　（エ）ベルリン　　　（オ）アテネ

3．フィンランド

（ア）オスロ　　　（イ）ブダペスト　　　（ウ）ダブリン　　　（エ）ソフィア　　　（オ）ヘルシンキ

4．インド

（ア）アブダビ　　　（イ）カブール　　　（ウ）カトマンズ　　　（エ）アンカラ　　　（オ）ニューデリー

5．南アフリカ

（ア）プレトリア　　　（イ）リヤド　　　（ウ）キエフ　　　（エ）ダッカ　　　（オ）ナイロビ

1

設問4 次の文章の ☐ の中にあてはまるものを語群の中から選びなさい。（5点）

　国家運営のための財源になる税金は，国民や ☐1 から徴収されている。税金は，さまざまな公共サービスを実施するために必要不可欠なもので，国や ☐2 によって適切に使われることが大前提となっている。

　税金には，景気を調整するという機能がある。一般的に好景気のときには ☐3 を実施し，不景気には ☐4 を実施することによって，経済活動や消費活動に直接的・間接的な影響を与える。

　また，税金の支払いに関しては，納税者の生活状況や家族状況を考慮する仕組みも用意されている。配偶者の有無や住宅ローン・医療費などの支払いに応じて，一定の税額を ☐5 する制度がある。

語群	ア	減税	イ	増税	ウ	控除	エ	法人	オ	地方自治体

設問5 次の文章の ☐ の中にあてはまるものを語群の中から選びなさい。（重複不可）（5点）

　組織においては，従来から強いリーダーシップを発揮して部下や組織を牽引する人材の ☐1 に注力してきた。しかし，多様化する社会ニーズや変化の激しい経済環境への対応から，最近では迅速かつタイムリーに上司やリーダーへ情報を伝達する ☐2 の必要性が注目されている。これにより，報告をするだけに留まらず，改善や効率化につながることへ挑んでいく ☐3 や，自ら考えて行動するために重要な ☐4 をもつことが必要となる。さらに，周囲のメンバーと連携・協力して業務に取り組む ☐5 ，自らの言動が組織やチームの成果に貢献できる存在でありたいという貢献意欲をしっかりともつことが，組織の強化には求められている。

語群	ア	チャレンジ意欲	イ	協働意識	ウ	育成	エ	フォロワーシップ	オ	主体性

設問6 次の文を読んで正しいものにはアを，誤っているものにはイを選びなさい。（5点）

1．企業活動における現金の流れのことをキャッシュフローという。
2．企業の説明責任や説明義務のことをアカウンタビリティーという。
3．企業内教育において，実際に業務に取り組みながら育成を図る手法をOff-JTという。
4．日本的雇用制度の特徴は，終身雇用・年功序列型賃金・労働組合の三つであり，現在も常に維持されている。
5．人口や国土などの資源を豊富に持ち，経済成長が顕著な新興国のBRICSは，ブラジル・ロシア・インドネシア・中国・南アフリカの5ヶ国で構成されている。

第2問 【コミュニケーション】

設問1 次の文は接遇のポイントについて述べたものである。　☐　の中にあてはまるものを語群の中から選びなさい。（重複不可）（5点）

　接遇とはおもてなしの心を持って相手に接することである。相手に対して最良のサービスをし、最大の満足を与えることで、好ましい　1　を作り出すことができる。イメージアップにつながる清潔感がある　2　や、声の大きさ・速さ・口調など安心感を与える　3　に気をつける。相手の心を開く効果がある親しみやすい　4　は相手の心の温度を上げる効果があると言われている。相手を大切に思う気持ち、　5　の対応・態度などに気をつけることも大切である。

語 群	ア	身だしなみ	イ	人間関係	ウ	笑顔	エ	話し方	オ	相手目線

設問2 次の文は社外の人に対しての言葉遣いである。適当なものにはアを、不適当なものにはイを選びなさい。（5点）

1．恐れ入りますが、そちらの件につきましては、担当の者がお聞きになります。
2．こちらのパンフレットをご拝見ください。
3．担当の者からご連絡を差し上げるようにいたします。
4．来週の会議にはご出席いただけますか。
5．上司からお渡しするようにと承りました資料です。

設問3 次の文は手紙の前文である。適当なものにはアを、不適当なものにはイを選びなさい。

（5点）

1．5月に送る礼状に「拝啓　新緑の候　貴社ますますご発展のこととお喜び申し上げます」
2．9月に送る挨拶状に「拝啓　麦秋の候　貴社ますますご隆盛のこととお喜び申し上げます」
3．3月に送る礼状に「拝啓　早春の候　貴社ますますご健勝のこととお喜び申し上げます」
4．6月に送る招待状に「拝啓　梅雨の候　貴社ますますご繁栄のこととお喜び申し上げます」
5．1月に送る挨拶状に「前略　厳寒の候　貴社ますますご発展のこととお喜び申し上げます」

3

設問4　次は会社の創立記念祝賀パーティーの案内状に記載した内容である。もっとも適当と思われるものを一つ選びなさい。（4点）

ア．パーティーでの料理メニュー
イ．参加人数
ウ．出欠の方法と連絡先
エ．記念品の内容
オ．開催ホテルの宿泊料

設問5　次の文はビジネスメールについて述べたものである。もっとも不適当と思われるものを一つ選びなさい。（4点）

ア．メールの件名は，用件がひと目で分かるように具体的に書く。
イ．1行は長くても30〜35文字程度の文章にして，区切りのよいところで1行空きを入れて読みやすくする。
ウ．社外の会場で開催される会議案内のメールには，案内状や地図を添付して送る。
エ．送信先のメールアドレスを公にしないで送りたいときは，ＣＣに相手のメールアドレスを入力する。
オ．社内メールでも，本文の最後に署名を入れるようにする。

設問6　次は上司から経験のない仕事を指示された際に「やり遂げる自信はないが頑張ります」と返事をする際の言葉遣いである。もっとも不適当と思われるものを一つ選びなさい。

（4点）

ア．「私では力が及ばないかもしれませんが，頑張りますのでよろしくお願いいたします」
イ．「私の手に余るかもしれませんが，頑張りますのでよろしくお願いいたします」
ウ．「私の手に負えないかもしれませんが，精一杯頑張ってまいります」
エ．「私には役不足かもしれませんが，頑張りますのでよろしくお願いいたします」
オ．「私には荷が重すぎるかもしれませんが，精一杯頑張ってまいります」

第3問 【ビジネスマナー】

設問1　次の文は取引先となる企業に初めて訪問する際のマナーについて述べたものである。適当なものにはアを，不適当なものにはイを選びなさい。（5点）

1．受付では会社名，名前を伝え，名刺を差し出して面談希望者に取り次ぎをお願いした。

2．応接室に案内された際，勧められた上座に座り，かばんは隣の椅子の上に置いた。

3．待機中は，すぐに面談を始められるように書類や筆記用具を広げて机の上に置いておいた。

4．面談の相手が入室した際は，すぐに立ち上がり挨拶した。

5．相手が名刺を差し出したので受け取り，自分は受付で名刺を渡したことを伝え差し出さなかった。

設問2　次の文は電話を受けた際に，担当者が不在の場合の対応について述べたものである。適当なものにはアを，不適当なものにはイを選びなさい。（5点）

1．外出中のときは，行き先と戻る時間を伝え，相手の意向を尋ねるようにしている。

2．席をはずしているときは，不在の理由を伝え，戻り次第連絡すると伝えるようにしている。

3．会議中のときは，相手の用件が急ぎであれば担当者にメモで知らせるようにしている。

4．長期休暇のときは，代わりに用件を聞くようにしている。

5．面談中のときは，終わり次第こちらから連絡しようかと尋ねるようにしている。

設問3　次の文は職場の環境整備や事務用品について述べたものである。適当なものにはアを，不適当なものにはイを選びなさい。（5点）

1．新人の席は出入口から奥になるようにして仕事に集中できるようにしている。

2．机の上にファイルが出したままになっていたので，キャビネットに戻した。

3．会議室のドアが閉まるときの音が気になったので，ドアチェックを調整した。

4．事務用品のカタログは年度ごとに並べるようにしている。

5．応接室で取引先と面談する際，椅子が足りなかったのでスツールを用意した。

5

設問4 次の郵便物の送り方についてあてはまるものを語群の中から選びなさい。（重複不可）（5点）

1．会議の案内状
2．一万円の商品券
3．記念日に届けるカード
4．新商品発表会で使用する備品
5．会社のパンフレット

語 群	ア	ゆうパック	イ	普通郵便	ウ	簡易書留	エ	ゆうメール	オ	配達日指定郵便

設問5 次の説明と関係あるものを語群の中から選びなさい。（5点）

1．工事が完成して建築物ができあがること
2．縁起の悪い日
3．葬儀を避けた方がよい日
4．結婚50周年を祝う儀式
5．長寿を祝う儀式

語 群	ア	社屋落成	イ	友引	ウ	金婚式	エ	仏滅	オ	賀寿

設問6 次は会議の形式について述べたものである。適当なものを語群の中から選びなさい。（5点）

1．あるテーマについて，数人の専門家が代表者として討議を行った後，質問や意見を求める。
2．あるテーマについて，数人の専門家がそれぞれの立場で講演を行った後，質問や意見を求める。
3．アイデアを出すことを目的に行う会議のことで，お互いに批判しないことを原則とする。
4．参加者の顔が見え，自由に話し合うことを目的とした形式で，フリートーキングともいう。
5．参加者を5〜6名のグループに分けて話し合い，その後代表者が意見を発表する。

語 群	ア	シンポジウム	イ	バズセッション	ウ	ブレーンストーミング	エ	円卓会議	オ	パネルディスカッション

設問7　次の文は守秘義務について述べたものである。適当なものにはア，不適当なものにはイを選びなさい。（5点）

1．社員の住所や電話番号などは個人情報のため，顧客から尋ねられても教えないようにしている。
2．会社の経営状態や企業ノウハウなどについて，社員は守秘義務を負っている。
3．未発表の新商品の情報は，宣伝にもなるので話すようにしている。
4．会社のホームページに公表されている情報には，漏らしてはいけない情報も含まれている。
5．異動の内辞が出た際，取引先にはできるだけ早く伝えるようにしている。

設問8　次の文は新聞記事の資料を整理する際に行ったことである。もっとも不適当と思われる対応を一つ選びなさい。（4点）

ア．必要となる記事を赤で囲み，コピーした。
イ．記事の余白に，新聞名，朝夕刊の別，自分の名前などを記入した。
ウ．貼り付ける台紙は，A4サイズで統一した。
エ．1記事1枚として，テーマ別に整理した。
オ．記事はスクラップブックにとじ込み整理した。

設問9　次は祝儀袋の図である。大塚が品川（先輩）と上野（後輩）と連名で山田（同僚）の結婚祝を出す際，もっとも適当と思われるものを一つ選びなさい。（4点）

ア．	イ．	ウ．	エ．	オ．
寿　品川一郎　大塚真二　上野美咲	寿　山田花子様	祝御結婚　山田花子様	山田花子様　御祝　上野美咲　品川一郎　大塚真二	山田花子様　御祝　品川一郎　他二名

受験番号

第44回社会人常識マナー検定試験
問 題 用 紙

2 級

（令和4年6月4日施行）

問題用紙は回収します。持ち帰り厳禁です。

注　意

- **試験開始の合図があるまで，問題用紙は開かないでください。**
- 試験問題1部と解答用マークシート1枚があります。
- 試験問題は，全部で7ページです。
- 試験問題と解答用マークシートを，試験担当者の指示にしたがって確認してください。ページ不足や違いがある人は，試験担当者まで申し出てください。
- この試験の制限時間は1時間です。
- 解答は，問題の指示にしたがい，すべて解答用マークシートの指定の位置をマークしてください。
- 解答用マークシートの所定の位置に，試験会場，氏名，学校コード，受験番号を必ず記入してください。また，受験級，学校コード，受験番号は，該当する位置を正しくマークしてください。記入漏れやマーク漏れがある場合には，採点の対象とならない場合があります。
- マークは，HBもしくはBの黒鉛筆または黒シャープペンを使用してください。訂正する場合は，プラスチック消しゴムでよく消してください。
- 解答用マークシートの所定の欄以外には，何も記入しないでください。また，折り曲げたり，汚したりしないでください。
- 解答は次の例題にならって，解答マーク欄をマークしてください。
   例題　大阪府より面積の狭い都道府県はどこか。正しいものを選びなさい。
   （ア）東京都　　（イ）神奈川県　　（ウ）沖縄県　　（エ）香川県　　（オ）佐賀県
   正しい答は（エ）香川県　ですから，次のようにマークしてください。

   記入例　　　（ア）　　　（イ）　　　（ウ）　　　■　　　（オ）

- 印刷の汚れや乱丁，筆記用具の不具合等で必要のある場合は，手をあげて試験担当者に合図してください。

主　催　　公益社団法人　全国経理教育協会
後　援　文　部　科　学　省

第1問 【社会常識】

設問1　次の意味を表す四字熟語およびことわざ・慣用句として正しいものを選びなさい。（5点）

1．きれいに飾り立てているが，内容や誠意のない言葉のこと
　　（ア）異口同音　　　　　（イ）破顔一笑　　　　　（ウ）美辞麗句　　　　　（エ）風光明媚

2．理論がまとまっておらず，筋道が立っていないこと
　　（ア）悪戦苦闘　　　　　（イ）紆余曲折　　　　　（ウ）支離滅裂　　　　　（エ）本末転倒

3．決まりきった考え方や基準にこだわって，融通が利かないこと
　　（ア）意味深長　　　　　（イ）杓子定規　　　　　（ウ）沈思黙考　　　　　（エ）優柔不断

4．ある行動の基準となる道理や理由のこと
　　（ア）温故知新　　　　　（イ）率先垂範　　　　　（ウ）大義名分　　　　　（エ）付和雷同

5．非常に長く感じられ，待ち遠しく思うこと
　　（ア）一期一会　　　　　（イ）一日千秋　　　　　（ウ）渾然一体　　　　　（エ）千載一遇

設問2　次の名称を示す略語として正しいものを選びなさい。（5点）

1．人工知能
　　（ア）ＡＩ　　　（イ）ＡＴＭ　　　（ウ）ＩＣＴ　　　（エ）ＩＭＦ　　　（オ）ＩＴ

2．国際原子力機関
　　（ア）ＢＲＩＣＳ　（イ）ＩＡＥＡ　　（ウ）ＩＳＯ　　　（エ）ＮＡＴＯ　　（オ）ＮＰＴ

3．最高執行責任者
　　（ア）ＣＥＯ　　（イ）ＣＦＯ　　　（ウ）ＣＩＯ　　　（エ）ＣＯＯ　　　（オ）ＣＰＡ

4．広報
　　（ア）ＪＡＲＯ　（イ）ＮＰＯ　　　（ウ）ＰＲ　　　　（エ）ＱＣ　　　　（オ）ＳＩ

5．経営学修士
　　（ア）Ｍ＆Ａ　　（イ）ＭＢＡ　　　（ウ）ＭＲ　　　　（エ）ＯＥＭ　　　（オ）ＲＯＡ

設問3　次の国の首都はどこか。正しいものを選びなさい。（5点）

1．アルゼンチン
　　（ア）プノンペン　（イ）キャンベラ　（ウ）ハバナ　　　（エ）リマ　　　　（オ）ブエノスアイレス

2．ポーランド
　　（ア）ヘルシンキ　（イ）ブカレスト　（ウ）ワルシャワ　（エ）リスボン　（オ）ソフィア

3．中国
　　（ア）ソウル　　　（イ）ピョンヤン　（ウ）上海　　　　（エ）北京　　　　（オ）ネーピードー

4．アラブ首長国連邦
　　（ア）バグダット　（イ）エルサレム　（ウ）カブール　（エ）アブダビ　（オ）ジャカルタ

5．エジプト
　　（ア）ナイロビ　　（イ）アテネ　　　（ウ）ダッカ　　　（エ）オスロ　　　（オ）カイロ

1

設問4　次の文章の　⬜　の中にあてはまるものを語群の中から選びなさい。（5点）

　　⬜1⬜　とは，企業が活動を展開する上で関わるすべてのステークホルダーに対して，果たすべき責任である。責任を果たすためには，法令や社会のルールを組織としてだけではなく，社員一人ひとりが守るという　⬜2⬜　の徹底が基本となる。次に，経営の実態を外部に対して正確かつタイムリーに開示する　⬜3⬜　の推進も必要である。そして，現状や経緯を事実に基づいて外部に明確に説明する　⬜4⬜　の強化を図っていくことも重要である。
　　さらに今日では，　⬜5⬜　という概念も重要視されている。企業が本業に注力することで，事業の成長を実現しながら貧困や雇用などの社会問題を解決するという考え方で，経済的な価値と社会的な価値を両立させる取り組みである。

語　群	ア	コンプライアンス	イ	ディスクロージャー	ウ	ＣＳＶ	エ	ＣＳＲ	オ	アカウンタビリティー

設問5　次の文章の　⬜　の中にあてはまるものを語群の中から選びなさい。（重複不可）（5点）

　　国民や　⬜1⬜　が徴収されている税金は，国家運営の財源として，さまざまな公共サービスを実施するために必要不可欠なものである。税金は，納める先や納め方，使途の有無などによって分類することができる。納める先の分類では国税と　⬜2⬜　に，納め方では直接税と間接税に，使途の有無では普通税と　⬜3⬜　とに分けることができる。
　　税金の使い道が特定されていない普通税の中には，　⬜4⬜　や消費税などがあり，税金の使い道が特定されている　⬜3⬜　の中には，　⬜5⬜　や入湯税などがある。
　　日常生活のあらゆる場面において，徴収される仕組みができあがっている税金に関して，納税義務を果たすことの重要性をしっかりと自覚して生活することが，社会人には求められている。

語　群	ア	地方税	イ	自動車取得税	ウ	法人	エ	目的税	オ	所得税

設問6　次の文を読んで正しいものにはアを，誤っているものにはイを選びなさい。（5点）

1．キャリアとは，単なる職歴ではなく，職業経験を積むことによって成長を続けていく生き方そのものを指している。
2．組織をまとめて引っ張る能力や，目標達成に向けて指示や判断を示す能力のことをフォロワーシップという。
3．国の収入である歳入の不足を補うために，国が発行する証券のことを社債という。
4．公的扶助とは，国民の最低限度の生活を保障するために，国が生活困窮者に対して保護や援助を行うことである。
5．自然エネルギーとは，太陽光発電や風力発電などの再生不可能なエネルギーの総称である。

2

第2問 【コミュニケーション】

設問1　次の文は説得の仕方について述べたものである。 ☐ の中にあてはまるものを語群の中から選びなさい。（5点）

　　　説得とは，話や説明によって，相手が自分の意思で ☐1 を起こすようにすることである。説得方法としては，相手の ☐2 を取り除くこと，相手に会うチャンスをつくり相手が納得するまで ☐3 説得すること，相手に断られそうな場合は代理人に ☐4 すること，先手を打つこと，言葉の調子・態度などで ☐5 を示しながら話すことなどがある。

語 群	ア	繰り返し	イ	行動	ウ	不安	エ	依頼	オ	意欲

設問2　次の文は社外の人に対しての言葉遣いである。適当なものにはアを，不適当なものにはイを選びなさい。（5点）

1．そちらの件につきましては，受付で伺ってください。
2．こちらの案内書をどうぞご覧ください。
3．来週の説明会にはご参加になりますか。
4．大塚部長（上司）はすぐにいらっしゃいます。
5．こちらは担当者からお渡しするようにと申し付かりました資料でございます。

設問3　次の文は社外文書について述べたものである。適当なものにはアを，不適当なものにはイを選びなさい。（5点）

1．創立30周年祝賀会の案内状では，発信日付に「2022年3月吉日」と書いた。
2．すべての社交文書に標題を入れた。
3．懇意にしている取引先へ送る文書では，頭語と結語を省略した。
4．取引先へ送る悔やみ状では，前文を省略した。
5．9月に送る会議開催の案内状では，前文の時候の挨拶は「麦秋の候」と書いた。

設問4　次は苦情の受け方について述べたものである。もっとも不適当と思われるものを一つ選びなさい。（4点）

ア．相手の話は，最後まで誠実に聞く。

イ．相手が感情的になっているときは，相手に配慮しながらこちらの事情を冷静に伝える。

ウ．相手の気持ちや状況を理解し，相手に納得してもらえる対応策を考える。

エ．相手の苦情に対しては，「申し訳ございません」とだけ言い続ける。

オ．相手の苦情が長引くときは，場所を変えたり，対応する人を変えたりする。

設問5　次は取引先に電話をした際，名指し人が不在だったときに電話で順に話したことである。もっとも不適当と思われるものを一つ選びなさい。（4点）

ア．名指し人が不在だったので「恐れ入りますが，何時ごろお戻りになりますでしょうか」と尋ねた。

イ．15時ごろ帰社予定とのことだったので「お手数をお掛けしますが，伝言をお願いできますでしょうか」とお願いした。

ウ．伝言を受けてくれるとのことだったので「先日お約束しました打ち合わせの日程ですが，開始時刻を1時間早めていただけないでしょうか，とお伝えください」と用件を話した。

エ．相手に伝わったかを確認するため「ただいまの内容について正確にメモを取ることができましたでしょうか。間違えなくお伝えください」と話した。

オ．連絡先を聞かれたので「○○株式会社○○部の○○と申します。連絡先の電話番号は，○○-○○○○-○○○○です。よろしくお願いいたします」と伝えた。

設問6　次は来客に対する言葉遣いである。もっとも適当と思われるものを一つ選びなさい。（4点）

ア．面談が終了して帰るお客さまに「失礼いたします。どうぞお気を付けなさってお帰りくださいませ」と言って見送った。

イ．大塚課長（上司）からの伝言を「○○と申し上げるよう，大塚から承っております」と伝えた。

ウ．預かっていた荷物を渡すときに「こちらのお荷物で結構でしょうか」と確認をした。

エ．廊下で迷っているお客さまに「どちらをお訪ねでしょうか。よろしければ私がご案内いたしましょうか」と話し掛けた。

オ．依頼されたことに対して「そのようなことを申されても，できかねますが」と答えた。

4

第3問 【ビジネスマナー】

設問1　次の文は電話を掛ける際のマナーについて述べたものである。適当なものにはアを，不適当なものにはイを選びなさい。（5点）

1．電話がつながったら，会社名と氏名を名乗り，挨拶の後，取り次ぎを依頼している。
2．大切な取引先に電話を掛けるときは，始業直後にしている。
3．受け手が名乗らないときは「恐れ入りますが，○○様でいらっしゃいますか」と確認している。
4．間違い電話を掛けたときは，相手先を尋ねるのは失礼となるため直ちに切るようにしている。
5．基本的には電話を受けた側から先に，掛けた側が後に切るようにしている。

設問2　次の文は名刺交換について述べたものである。適当なものにはアを，不適当なものにはイを選びなさい。（5点）

1．名刺はすぐに取り出せるように，名刺入れを手元に用意しておく。
2．名刺交換を行う際は，起立した状態で行う。
3．上司と一緒のときは，自分が先に名刺交換を行うようにしている。
4．名刺には会社名や氏名が書かれているため「こういう者です」と言って渡すようにしている。
5．受け取った名刺は，忘れないようにすぐに名刺入れに入れるようにしている。

設問3　次の文はオンライン会議に参加するときに行ったことである。適当なものにはアを，不適当なものにはイを選びなさい。（5点）

1．場所は，周囲が気にならないように，雑音の入らない静かな環境を選んだ。
2．会議の開始前に，通信状況に問題がないか接続テストを行った。
3．マイク機能は，いつでも発言できるように常にオンにしておいた。
4．ビデオ機能は，状況に合わせてオンとオフを切り換えた。
5．発言するときは，対面の場合と同様の速さで，画面を見ながら話すようにした。

5

設問4 次の賀寿について，あてはまる年齢を語群の中から選びなさい。（5点）

1．白寿

2．喜寿

3．還暦

4．古希

5．米寿

語　群	ア	満60歳	イ	70歳	ウ	77歳	エ	88歳	オ	99歳

設問5 次はカタログ・雑誌について述べたものである。関係のあるものを語群の中から選びなさい。

（5点）

1．1年に4回発行されるもの

2．1年に6回発行されるもの

3．1年に12回発行されるもの

4．月に3回発行されるもの

5．過去に発行されたもの

語　群	ア	既刊	イ	月刊	ウ	季刊	エ	隔月刊	オ	旬刊

設問6 次は箸づかいのタブーについてのイラストと説明である。関係のあるものを語群の中から選びなさい。（5点）

1.

料理の上であちらこちらに箸を動かす

2.

箸で料理を選び出す

3.

箸についたものを口でなめる

4.

汁やしょうゆなどをたらす

5.

箸を器の上に置く

語　群	ア	涙箸	イ	迷い箸	ウ	渡し箸	エ	ねぶり箸	オ	探り箸

6

設問7　次の文は郵便物の送り方について述べたものである。適当なものにはアを，不適当なものにはイを選びなさい。（5点）

1．会議の案内状を送るときは，Ａ４サイズの書類を四つ折りにして定形外封筒に入れて送っている。

2．機密文書を送るときは，封筒に「親展」と表記し，料金別納郵便で送っている。

3．香典は不祝儀袋に入れて，現金書留専用の封筒を使用している。

4．ホテルに宿泊している上司に書類を送るときは，「○○ホテル気付」の後に上司の名前を書いている。

5．領収書を送るときは，封筒に「領収書在中」と表記し，普通郵便で送っている。

設問8　次の文は職場のマナーについて述べたものである。もっとも不適当と思われる対応を一つ選びなさい。（4点）

ア．体調不良で休むときは，勤務先に電話で連絡をして，同僚に上司への伝言をお願いした。

イ．個人用のロッカーは本人の了承なしには開けないようにした。

ウ．来客と廊下ですれ違うときは，脇によって会釈をするようにした。

エ．大量にコピーを取った後は，コピー機に用紙がまだ残っていても補充をしておいた。

オ．外出するときは，職場内の行動予定表に「行先・用件・帰社時間・連絡先」などを記入し，同僚にも伝えるようにした。

設問9　次は取引先のＹ部長が転勤すると聞いて取引先担当者に尋ねたことである。もっとも不適当と思われるものを一つ選びなさい。（4点）

ア．いつ転勤するのか

イ．どこに転勤するのか

ウ．なぜ転勤するのか

エ．後任者は誰か

オ．後任者はいつ着任するのか

7

第46回社会人常識マナー検定試験
問 題 用 紙

2 級

（令和4年9月24日施行）

問題用紙は回収します。持ち帰り厳禁です。

注　意

・**試験開始の合図があるまで，問題用紙は開かないでください。**
・試験問題1部と解答用マークシート1枚があります。
・試験問題は，全部で7ページです。
・試験問題と解答用マークシートを，試験担当者の指示にしたがって確認してください。
　ページ不足や違いがある人は，試験担当者まで申し出てください。
・この試験の制限時間は1時間です。
・解答は，問題の指示にしたがい，すべて解答用マークシートの指定の位置をマークしてください。
・解答用マークシートの所定の位置に，試験会場，氏名，学校コード，受験番号を必ず記入してください。また，受験級，学校コード，受験番号は，該当する位置を正しくマークしてください。記入漏れやマーク漏れがある場合には，採点の対象とならない場合があります。
・マークは，HBもしくはBの黒鉛筆または黒シャープペンを使用してください。訂正する場合は，プラスチック消しゴムでよく消してください。
・解答用マークシートの所定の欄以外には，何も記入しないでください。また，折り曲げたり，汚したりしないでください。
・解答は次の例題にならって，解答マーク欄をマークしてください。
　　例題　大阪府より面積の狭い都道府県はどこか。正しいものを選びなさい。
　　（ア）東京都　　（イ）神奈川県　　（ウ）沖縄県　　（エ）香川県　　（オ）佐賀県
　　正しい答は（エ）香川県　ですから，次のようにマークしてください。

　　　　　　　　　記入例　　　　ア　　　イ　　　ウ　　　●　　　オ

・印刷の汚れや乱丁，筆記用具の不具合等で必要のある場合は，手をあげて試験担当者に合図してください。

主　催　　公益社団法人　全国経理教育協会
後　援　文　部　科　学　省

第１問　【社会常識】

設問１　次の意味を表す四字熟語およびことわざ・慣用句として正しいものを選びなさい。（5点）

1．今までの考え方や行動を改めて，目標を成し遂げようと決意すること
　　（ア）一心不乱　　　　　（イ）一念発起　　　　（ウ）沈思黙考　　　　（エ）不言実行

2．自分だけの都合を考えて物事を進め，周囲に配慮しないこと
　　（ア）我田引水　　　　　（イ）自画自賛　　　　（ウ）自業自得　　　　（エ）独立独歩

3．手掛かりがなく，方向性を打ち出せない状態のこと
　　（ア）風光明媚　　　　　（イ）紆余曲折　　　　（ウ）渾然一体　　　　（エ）五里霧中

4．自由自在に物事を行うこと
　　（ア）大同小異　　　　　（イ）縦横無尽　　　　（ウ）自然淘汰　　　　（エ）優柔不断

5．失敗がきっかけとなって，良い方向に転じること
　　（ア）怪我の功名　　　　（イ）背水の陣　　　　（ウ）鶴の一声　　　　（エ）立て板に水

設問２　次の名称を示す略語として正しいものを選びなさい。（5点）

1．経済協力開発機構
　　（ア）NGO　　（イ）NPO　　（ウ）ODA　　（エ）OECD　　（オ）SOHO
2．石油輸出国機構
　　（ア）IAEA　　（イ）NISA　　（ウ）OPEC　　（エ）PKO　　（オ）REIT
3．国際連合児童基金
　　（ア）APEC　　（イ）EXPO　　（ウ）IOC　　（エ）UNESCO　　（オ）UNICEF
4．発光ダイオード
　　（ア）LAN　　（イ）LCC　　（ウ）LED　　（エ）LLP　　（オ）MR
5．公認会計士
　　（ア）CFO　　（イ）COO　　（ウ）CPA　　（エ）FP　　（オ）CIO

設問３　次の国の首都はどこか。正しいものを選びなさい。（5点）

1．カナダ
　　（ア）オタワ　　　（イ）キャンベラ　（ウ）トロント　　（エ）オスロ　　　（オ）バンクーバー
2．トルコ
　　（ア）アンカラ　　（イ）カトマンズ　（ウ）ダッカ　　　（エ）ハノイ　　　（オ）カイロ
3．チェコ
　　（ア）ブタペスト　（イ）ヘルシンキ　（ウ）ブカレスト　（エ）ソフィア　　（オ）プラハ
4．ドイツ
　　（ア）マドリード　（イ）ベルリン　　（ウ）リスボン　　（エ）ウィーン　　（オ）ブリュッセル
5．ケニア
　　（ア）カブール　　（イ）ナイロビ　　（ウ）トリポリ　　（エ）バンコク　　（オ）ネーピードー

1

設問4 次の文章の ☐ の中にあてはまるものを語群の中から選びなさい。（5点）

　日本の中央省庁は，担当する分野ごとに設置されている。主な特別機関や外局はそれぞれ管轄する省庁が決められており，宮内庁・消費者庁は ☐1☐ ，気象庁・観光庁は ☐2☐ ，特許庁・中小企業庁は ☐3☐ ，消防庁は ☐4☐ ，国税庁は ☐5☐ が管轄の行政機関となっている。その他にも検察庁を法務省，文化庁を文部科学省が管轄して機能を果たしている。

語 群	ア	財務省	イ	経済産業省	ウ	国土交通省	エ	内閣府	オ	総務省

設問5 次の文章の ☐ の中にあてはまるものを語群の中から選びなさい。（重複不可）（5点）

　日本の社会保障の中心的な役割を果たしている社会保険制度は，国民の生活安定のために各種保険と年金を軸に機能している。日本国内に居住している20歳以上60歳未満の人すべてに加入が義務付けられている ☐1☐ や，民間企業などに勤務する人を対象とした ☐2☐ は，加入者の老齢や障害，死亡によって損なわれる生活の安定を目的とした制度である。

　また，労働者が失業などによって収入を得ることのできない状況に陥った場合に，再就職までの生活維持のために失業給付金が支給される ☐3☐ ，業務上の怪我や通勤途中の事故や，そのことが原因で発病や死亡に至った場合などに給付される ☐4☐ なども整備されている。

　国の社会保険制度以外でも，個人レベルで民間の ☐5☐ に加入し，幅広いリスクに備えて生活の安定を確保する仕組みもある。

語 群	ア	雇用保険	イ	国民年金保険	ウ	損害保険	エ	厚生年金保険	オ	労災保険

設問6 次の文を読んで正しいものにはアを，誤っているものにはイを選びなさい。（5点）

1．経済の自由化や国際化が進む中で，先進国に共通の制度やシステムによって，標準的なルールを企業経営にも活かそうという取り組みをグローバルスタンダードという。
2．G7の構成国は，アメリカ・イギリス・フランス・ドイツ・イタリア・中国・日本である。
3．日本経済団体連合会は，2002年に経済団体連合会と経済同友会が合併して設立された中小企業を中心とする経済団体である。
4．ビジネスにおける企業間取引をＢｔｏＢ，企業と政府間の取引をＢｔｏＣという。
5．企業が経営の実態・実情を株主や金融機関などに対して開示することをディスクロージャーという。

2

第2問 【コミュニケーション】

設問1　次の文章は説明の仕方について述べたものである。 ☐ の中にあてはまるものを語群の中から選びなさい。（5点）

　説明とは，伝える内容が相手に分かるように順序立てて述べることである。まず，説明する前に内容を十分に ☐ 1 ☐ する。次に，いきなり本題を話すのではなく，話す内容を ☐ 2 ☐ する。分かりやすい言葉で話すことが大切であるため， ☐ 3 ☐ ・カタカナ語・外国語などは相手に合わせて使うようにする。重要なことは要点を ☐ 4 ☐ 話すようにする。最後に，不明な点がないか ☐ 5 ☐ を受けるなどして説明不足を補うようにする。

語　群	ア	予告	イ	質問	ウ	繰り返し	エ	理解	オ	専門用語

設問2　次の文は社外の人に対しての言葉遣いである。適当なものにはアを，不適当なものにはイを選びなさい。（5点）

1．失礼ですが，お名前を頂戴できますでしょうか。
2．申し訳ございませんが，その件は課長からお断りするように申し付かっております。
3．恐れ入りますが，こちらにお座りになってお待ちいただけますでしょうか。
4．お手すきの際に，こちらの会議資料にお目通しくださいますでしょうか。
5．お忙しいところ，ご足労お掛けいたしまして申し訳ございません。

設問3　次の文はビジネス文書の文言を改まった言い方にしたものである。適当なものにはアを，不適当なものにはイを選びなさい。（5点）

1．「よく分からない点がありましたら」を「ご不明の点がございましたら」にした。
2．「品物を贈ってくれて」を「結構なお品をご恵贈承り」にした。
3．「書類を受け取ってください」を「書類をご拝受のほどお願い申し上げます」にした。
4．「考えです」を「所存でございます」にした。
5．「面会してください」を「ご拝顔ください」にした。

3

設問4　次は封筒の表書き（脇付け）の書き方について述べたものである。もっとも不適当と思われるものを一つ選びなさい。（4点）

ア．宛名本人にのみ開封してほしい場合は，「親展」と書く。

イ．宛名人の家族に開封してほしい場合は，「親族」と書く。

ウ．重要な文書として扱ってほしい場合は，「重要」と書く。

エ．届いたらすぐに開封してほしい場合は，「至急」と書く。

オ．写真を同封する場合は，「写真在中」と書く。

設問5　次の文は出張中の上司の大塚課長から電話で連絡が入った際に伝えたことである。（大塚課長は明日から出社予定）もっとも不適当と思われるものを一つ選びなさい。（4点）

ア．部長から「明日の午後，取引先関係者の葬儀に代理出席してほしい」と依頼があったこと。

イ．取引先の課長から「明後日の打ち合わせを明日に変更してもらえないか」と問い合わせがあったこと。

ウ．他部署の課長から「今日中に返事をもらうことになっていた契約書の件はどうなっているか」と聞かれたこと。

エ．部長から「明日10時に部内会議を行いたいので連絡を頼む」と言われたこと。

オ．取引先の課長から「再来月の新製品発表会に出席する」と電話があったこと。

設問6　次のような状況での対応として，もっとも適当と思われるものを一つ選びなさい。（4点）

　　　「取引先の大塚課長あてに面談予約の電話をしたが，不在だったため電話に出た人へ伝えた言葉遣い」

ア．電話に出た人を確認したかったので「失礼ですが，どちら様でございますか」と言った。

イ．戻ったら電話をさせようかと言われて「恐縮ですが，課長の大塚様がお戻りになられましたらお電話をいただけますでしょうか」と言った。

ウ．伝言はあるかと聞かれたので「お手数をお掛けいたしますが，面談予約の件で電話があったことをお伝え願えますでしょうか」と言った。

エ．「大塚様の帰社予定は何時だったでしょうか」と確認した。

オ．相手の声が聞こえにくかったので「よく聞こえませんのでもう少し大きな声でお話しいただけますか」と言った。

4

第46回　社会人常識マナー　2級

第3問 【ビジネスマナー】

設問1　次の文は職場のマナーについて述べたものである。適当なものにはアを，不適当なものにはイを選びなさい。（5点）

1．15分以上離席するときは，周囲に行き先，戻る時間などを伝えるようにする。
2．自席での私語は慎むようにし，長話は給湯室や手洗いなどで行うようにする。
3．エレベーターでは，操作盤の近くに立つようにし，同乗者に利用階を聞いてボタンを押すようにする。
4．所属部署の事務室に入るときは，2回ノックをしてから入るようにする。
5．大量にコピー機で印刷する際，少量の印刷をする人には一旦印刷を中断し，先に譲るようにする。

設問2　次の文は秘文書の取り扱いについて述べたものである。適当なものにはアを，不適当なものにはイを選びなさい。（5点）

1．保管するときは，他の人に分からないように机上にある複数の書類の下に重ねておく。
2．コピーするときは，周囲の人に秘文書をコピーすることを伝え，その場から離れるように頼んでいる。
3．郵送するときは，二重封筒に入れ，中身が透けないようにして送るようにしている。
4．メールを送るときは，パスワードを設定したファイルを添付し，別のメールでパスワードを知らせるようにしている。
5．他部署の社員から社外秘の文書の貸し出しを依頼されたときは，断るようにしている。

設問3　次の文はスケジュール管理について述べたものである。適当なものにはアを，不適当なものにはイを選びなさい。（5点）

1．部署内で共有する予定表には，私的な予定もできるだけ詳細に書くようにしている。
2．スケジュールは，変更になることがあるため確定してから書くようにしている。
3．期限のあるものは，スケジュール帳に締切日も書いて分かるようにしている。
4．予定を変更するときは，前の予定がどのようなものであったかを分かるようにしている。
5．打合せや会議は，時間が延長することもあるので余裕をもってスケジュールを立てるようにしている。

設問4　次の会議用語についてあてはまるものを語群の中から選びなさい。（5点）

1．会議開催のために関係者を集めること

2．会議で話し合う事項

3．会議開催に最低限必要な出席者の人数

4．一度会議で決定したことは，同じ会期中に取り上げて話し合うことはしないという決まりのこと

5．協議の結果，賛成と反対が同数になったとき，議長が投票権を行使すること

語　群	ア	招集	イ	定足数	ウ	キャスティング・ボート	エ	議案	オ	一事不再議の原則

設問5　次の弔事に関する説明について，関係のあるものを語群の中から選びなさい。（重複不可）

（5点）

1．人が亡くなったという知らせ

2．仏式の礼拝

3．キリスト教の礼拝

4．身内や親しい友人だけで執り行う葬儀の形式

5．故人の冥福を祈る儀式

語　群	ア	焼香	イ	法事	ウ	密葬	エ	訃報	オ	献花

設問6　次の郵便物の送り方についてあてはまるものを語群の中から選びなさい。（重複不可）（5点）

1．会社が発行した広報誌

2．領収書

3．香典

4．三万円の商品券

5．株主総会で使用する備品

語　群	ア	普通郵便	イ	現金書留	ウ	ゆうパック	エ	簡易書留	オ	ゆうメール

6

設問7　次の文は社外の取引先を招いて昼食を挟んだ会議で行ったことである。適当なものにはアを，不適当なものにはイを選びなさい。（5点）

1．お弁当は，社内外関係なく同様のものを人数分注文した。

2．お弁当は，必要かどうか聞いてから参加者の前に出すようにした。

3．袋に入った割り箸は，基本的に持つ方を右にしてお弁当の手前に置いた。

4．お吸い物とお茶は，お弁当の左側に並べた。

5．お茶は自由にお代わりができるように，会議室後方にポットを用意した。

設問8　次の文は社用の携帯電話のマナーについて述べたものである。もっとも不適当と思われる対応を一つ選びなさい。（4点）

ア．顧客からの電話に出るときは，会社名・名前を名乗るようにする。

イ．電車内ではマナーモードにし，通話はしないようにしている。

ウ．機密情報は，会話が漏れないように周囲に人がいない場所で話すようにする。

エ．掛ける時間帯も配慮し，相手が通話可能かどうか確認するようにする。

オ．使用するのは外出時のみにし，社内にいるときは，電源をオフにしておく。

設問9　次は応接室のイラストである。来客応対の際にもっとも不適当と思われるものを一つ選びなさい。（4点）

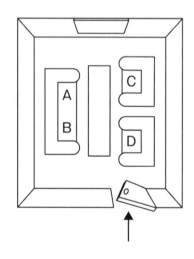

ア．来客を案内するときは，案内者が先に，来客が後から入室となる。

イ．来客が二人いるときは，AとCの席を勧めるようにする。

ウ．お茶出しの際は，左手で盆を持ち，右手でお茶を供するようにする。

エ．お茶は，Aの席から順に出すようにする。

オ．応対者は，出入口近くのDの席に座るようにする。

受験番号

第48回社会人常識マナー検定試験
問 題 用 紙

2 級

（令和5年1月21日施行）

問題用紙は回収します。持ち帰り厳禁です。

注　意

- **試験開始の合図があるまで，問題用紙は開かないでください。**
- 試験問題1部と解答用マークシート1枚があります。
- 試験問題は，全部で7ページです。
- 試験問題と解答用マークシートを，試験担当者の指示にしたがって確認してください。ページ不足や違いがある人は，試験担当者まで申し出てください。
- この試験の制限時間は1時間です。
- 解答は，問題の指示にしたがい，すべて解答用マークシートの指定の位置をマークしてください。
- 解答用マークシートの所定の位置に，試験会場，氏名，学校コード，受験番号を必ず記入してください。また，受験級，学校コード，受験番号は，該当する位置を正しくマークしてください。記入漏れやマーク漏れがある場合には，採点の対象とならない場合があります。
- マークは，HBもしくはBの黒鉛筆または黒シャープペンを使用してください。訂正する場合は，プラスチック消しゴムでよく消してください。
- 解答用マークシートの所定の欄以外には，何も記入しないでください。また，折り曲げたり，汚したりしないでください。
- 解答は次の例題にならって，解答マーク欄をマークしてください。
    例題　大阪府より面積の狭い都道府県はどこか。正しいものを選びなさい。
    （ア）東京都　　（イ）神奈川県　　（ウ）沖縄県　　（エ）香川県　　（オ）佐賀県
    正しい答は（エ）香川県　ですから，次のようにマークしてください。

    記入例　　　ア　　　イ　　　ウ　　　■　　　オ
- 印刷の汚れや乱丁，筆記用具の不具合等で必要のある場合は，手をあげて試験担当者に合図してください。

主　催　　公益社団法人　全国経理教育協会
後　援　文　部　科　学　省

第1問 【社会常識】

設問1 次の意味を表す四字熟語およびことわざ・慣用句として正しいものを選びなさい。（5点）

1. 前置きがなく，いきなり本題に入ること
   （ア）一触即発　　　（イ）一刀両断　　　（ウ）急転直下　　　（エ）単刀直入

2. 表面上だけではなく，含みや考えがあること
   （ア）異口同音　　　（イ）意味深長　　　（ウ）一往深情　　　（エ）意志薄弱

3. 環境変化に適応したものが残り，それ以外は滅びるということ
   （ア）五里霧中　　　（イ）自然淘汰　　　（ウ）枝葉末節　　　（エ）風光明媚

4. 気力や元気を失って落ち込んでしまうこと
   （ア）意気消沈　　　（イ）意気投合　　　（ウ）孤立無援　　　（エ）取捨選択

5. 名人や専門家でも油断をすると失敗すること
   （ア）虻蜂取らず　　　（イ）河童の川流れ　　　（ウ）食指が動く　　　（エ）木を見て森を見ず

設問2 次の名称を示す略語として正しいものを選びなさい。（5点）

1. 投資家向け広報
   （ア）EC　　　（イ）ER　　　（ウ）FP　　　（エ）IR　　　（オ）JA

2. 相手先ブランド製造
   （ア）IMF　　　（イ）M&A　　　（ウ）ODA　　　（エ）OEM　　　（オ）OJT

3. 医療情報担当者
   （ア）MR　　　（イ）POS　　　（ウ）PR　　　（エ）QC　　　（オ）SI

4. 格安航空会社
   （ア）COO　　　（イ）FTA　　　（ウ）GIS　　　（エ）LAN　　　（オ）LCC

5. 国際労働機関
   （ア）IAEA　　　（イ）ILO　　　（ウ）IPO　　　（エ）ISO　　　（オ）OPEC

設問3 次の国の首都はどこか。正しいものを選びなさい。（5点）

1. イギリス
   （ア）ローマ　　（イ）パリ　　（ウ）ロンドン　　（エ）アテネ　　（オ）ブリュッセル

2. アイルランド
   （ア）プレトリア　（イ）ベルリン　（ウ）オスロ　　（エ）ダブリン　（オ）レイキャビク

3. モンゴル
   （ア）アンカラ　（イ）トリポリ　（ウ）リマ　　（エ）カイロ　　（オ）ウランバートル

4. スウェーデン
   （ア）ベルン　　（イ）プラハ　　（ウ）ヘルシンキ　（エ）リスボン　（オ）ストックホルム

5. アフガニスタン
   （ア）アブダビ　（イ）カブール　（ウ）リヤド　　（エ）ナイロビ　（オ）カトマンズ

設問4 次の文章の ☐ の中にあてはまるものを語群の中から選びなさい。（重複不可）（5点）

　キャリアとは，職業経験などを積むことによって成長を続けていく，生き方そのものを意味している。キャリア形成の機会は，自らの意思で計画的に作り出していくものもあれば，意図しない ☐1 によって作り出されるものも多くある。予期せぬ突発的な出来事を良い機会ととらえ，成長していくことも重要である。そのためには，自分の関心が低いことにもアプローチし，何かを得ようとする ☐2 を持つことが大切である。また，物事を安易にあきらめない ☐3 や，うまくいかないことにこだわらずに対応する ☐4 も必要である。想定外の出来事に対しては，新しいことを学べるチャンスと受け止める楽観性を持ち，☐5 することが自身の成長につながるのである。

語　群	ア	チャレンジ	イ	好奇心	ウ	環境変化	エ	持続性	オ	柔軟性

設問5 次の文章の ☐ の中にあてはまるものを語群の中から選びなさい。（重複不可）（5点）

　行動を起こす際に設定するゴールや指標となるものが目標である。目標を設定する際の大切なポイントは三つある。まずは，☐1 を明確に設定することである。時間的な制限を設けずにいると，危機感や緊張感のない状態になり，集中力も発揮されにくくなるからである。次に，☐2 な表現で設定することである。曖昧な表現で設定すると，振り返りをする際に要因を検証することが困難になるからである。最後に，☐3 なレベルで設定することである。目標のレベルが高すぎると，行動に移す前からあきらめるなど前向きな発想や行動がとれなくなる可能性が高まるからである。

　また，目標は一人ひとりの状況に応じて設定される個人目標と，それらを統合して設定される ☐4 目標に分けることができる。一人ひとりが，自身の目標の ☐5 をしっかりと理解して役割と責任を果たすことで，☐4 目標を達成することが可能となる。

語　群	ア	意義	イ	具体的	ウ	納期	エ	達成可能	オ	組織

設問6 次の文を読んで正しいものにはアを，誤っているものにはイを選びなさい。（5点）

1．デフレーションとは，一般的に不況時に物価水準が持続的に下降を続けていく現象のことである。

2．労働者が失業によって収入を得ることのできない状況に陥った際，生活の維持安定のために労災保険から給付金が支給される。

3．高齢化が進む日本における介護保険制度は，成人から保険料の納付義務がある強制保険である。

4．公務員や私立学校教職員とその扶養家族を対象とした公的社会保険を公的扶助という。

5．企業の買収や合併の際に，不特定多数の株主から株式を買い集めることを公開買い付け（ＴＯＢ）という。

第2問 【コミュニケーション】

設問1　次の文章は社外の人と交流をする際の留意点について述べたものである。□□□の中にあてはまるものを語群の中から選びなさい。（5点）

　　仕事の経験が増えると，さまざまな人と知り合うことになる。仕事関係で知り合った社外の人とは節度をもった　1　態度で接する。常に会社の　2　であることを忘れないようにし，　3　を話さないようにする。また，仕事に役立つ　4　を広げることで視野も広がる。会食の誘いを受けた際は，すぐに上司に　5　し，指示を得るようにする。

語群	ア	一員	イ	礼儀正しい	ウ	内部情報	エ	報告	オ	人脈

設問2　次の文は社外の人に対しての言葉遣いである。適当なものにはアを，不適当なものにはイを選びなさい。（5点）

1．失礼ですが，どちらさまでしょうか。
2．お呼び立ていたしまして，申し訳ございません。
3．こちらの資料をどうぞご拝見ください。
4．どうぞこちらにおかけになってお待ちください。
5．来週の新製品発表会にはご参加なされますか。

設問3　次は手紙を書くときに，時候の挨拶として使う言葉である。あてはまる月を語群の中から選びなさい。（重複不可）（5点）

1．麦秋の候
2．向寒の候
3．薫風の候
4．仲秋の候
5．初秋の候

語群	ア	5月	イ	6月	ウ	9月	エ	10月	オ	11月

設問4 次の文は社外に送るビジネスメールを作成する際の留意点について述べたものである。もっとも不適当と思われるものを一つ選びなさい。（4点）

ア．件名は，メールの内容が悟られないように分かりにくいものをつける。

イ．本文の書き出しは，一般的に「いつもお世話になっております」などの挨拶文から始める。

ウ．本文は，1行30～35文字程度の文章にして，区切りのよいところや段落ごとに1行空きを入れ，読みやすくする。

エ．結びは，「今後ともよろしくお願い申し上げます」などの挨拶文を書く。

オ．署名は，メールの最後に会社名・部署名・氏名・メールアドレスなどの連絡先を入れる。

設問5 次の文は来客に対する言葉遣いである。もっとも不適当と思われるものを一つ選びなさい。

（4点）

ア．受付で来客に「面談の予約をもらっていたかどうか」を尋ねるとき，「恐れ入りますが，面談のご予約は承っておりましたでしょうか」と言った。

イ．行き先に迷っている来客を見かけたとき，「失礼でございますが，どちらをお訪ねでいらっしゃいますか。お差し支えなければ，私がご案内いたしましょうか」と言った。

ウ．来客に「それについては○○部長に伝えておく」と言うとき，「そちらの件につきましては，部長の○○にお伝え申します」と言った。

エ．書類を取りにきた来客に，「これを渡すように，上司（○○部長）から言われた」と言うとき，「こちらをお渡しするように，部長の○○より申し付かりました」と言った。

オ．予約のない来客に「自分では分からないので，担当者が代わりに話を聞くがどうか」と言うとき，「申し訳ございません。私では分かりかねますので，担当の者が承るということでいかがでしょうか」と言った。

設問6 次の文は感じのよい話し方について述べたものである。もっとも不適当と思われるものを一つ選びなさい。（4点）

ア．「あと1時間しかありません」と否定的な言葉ではなく，「まだ1時間もあります」と肯定的な言葉に変換する。

イ．「ありがとう」「あなたがいてくれてよかった」などの感謝を表す言葉を多く使う。

ウ．「この書物は高価ですが，とても分かりやすいです」ではなく，「この書物は分かりやすいですが，とても高価です」と文言の前半は肯定的な言葉にする。

エ．「また声をかけてください」と受け身ではなく，「また声をかけますね」と能動的な言葉にする。

オ．「できません」と否定的な言葉ではなく，「やってみます」と肯定的な言葉で表現する。

第3問 【ビジネスマナー】

設問1　次の文は来客を応接室に案内するときの対応について述べたものである。適当なものにはアを，不適当なものにはイを選びなさい。（5点）

1．廊下では，案内者は来客の斜め前を来客の歩調に合わせて歩くようにする。
2．階段では，案内者は手すり側，来客は壁側を歩くようにする。
3．エレベーターでは，案内者が操作盤を操作し，自ら先に降りるようにする。
4．応接室のドアが外開きの場合は，案内者がドアを開け来客に先に入室してもらう。
5．応接室では，案内者は出入口から離れた位置にある上座を来客に勧める。

設問2　次の文は電話応対について述べたものである。適当なものにはアを，不適当なものにはイを選びなさい。（5点）

1．受付で来客応対中に外線電話が鳴ったときは，来客に断って電話に出るようにしている。
2．外線電話を取るときは，会社名と自分の名前を名乗るようにしている。
3．相手が名乗ったら「○○会社の○○様でいらっしゃいますね」と復唱確認をするようにしている。
4．聞き覚えのない会社名のときは「いつもお世話になっております」とは言わないようにしている。
5．名指し人に取り次ぐときは，相手に聞こえないように受話器に手をあてて伝えるようにしている。

設問3　次の文は人の紹介の仕方について述べたものである。適当なものにはアを，不適当なものにはイを選びなさい。（5点）

1．紹介するときは，会話の糸口となる話題を織り交ぜるようにする。
2．紹介を受ける立場であれば，座ったまま挨拶するようにする。
3．社内外の人を引き合わせるときは，先に社外の人を社内の人に紹介するようにする。
4．一般的に年齢が違う人同士を引き合わせるときは，先に年少者を年長者に紹介するようにする。
5．紹介が終わったら，改めてお互いに挨拶や名刺交換を行うようにする。

5

設問4 次のファイルのまとめ方について，適当なものを語群の中から選びなさい。（5点）

1．カタログや文献など書類のテーマ・内容で分類する方法
2．発注書・見積書・領収書など帳票化された文書を分類する方法
3．特定の工事や行事などに関する文書を，始めから終わりまでまとめる方法
4．会社名や名前で書類を分類する方法
5．挨拶状・議事録など文書の形式別に分類する方法

語 群	ア	一件別整理法	イ	形式別整理法	ウ	主題別整理法	エ	相手先別整理法	オ	標題別整理法

設問5 次のパーティーや料理の形式について，適当なものを語群の中から選びなさい。（5点）

1．昼夜は問わず食事と飲み物が供される立食形式のパーティー
2．フルコースの西洋料理が供される正式なパーティー
3．宴会や会食で供される料理
4．肉や魚などを使わない野菜中心の日本料理
5．料亭などで一品ずつ供される正式な料理

語 群	ア	ディナーパーティー	イ	精進料理	ウ	懐石料理	エ	会席料理	オ	ビュッフェパーティー

設問6 次の年齢にあてはまる長寿の祝いを語群の中から選びなさい。（5点）

1．70歳
2．77歳
3．80歳
4．88歳
5．90歳

語 群	ア	米寿	イ	卒寿	ウ	喜寿	エ	古希	オ	傘寿

6

設問7　次の文は名刺の管理について述べたものである。適当なものにはアを，不適当なものにはイを選びなさい。（5点）

1．名刺は，会社名・個人名による50音別や取引先の業種別などで管理しておく。
2．名刺の余白や裏には，受け取った日時・用件・相手の特徴などをメモしておく。
3．1年に1回程度名刺を整理し，古い名刺はキャビネットで管理しておく。
4．少量の名刺整理には，アルバム式に名刺を差し込む名刺整理簿が適している。
5．名刺整理箱では名刺はガイドの手前に入れて管理しておく。

設問8　次の文は書留郵便について述べたものである。もっとも不適当と思われる対応を一つ選びなさい。（4点）

ア．万一郵便物が破損した場合や，届かないときは賠償を受けられる。
イ．配達の記録が残るため，重要書類などの郵便に適している。
ウ．祝儀を手紙とともに送るときは，現金書留を利用する。
エ．5万円の小切手を送るときは，一般書留を利用する。
オ．送るときは，ポストに投函することができる。

設問9　次は会場の設営図である。参加者全員が顔を向き合わせ，適度な距離感で意見交換が行えるレイアウトについて，もっとも適当と思われるものを一つ選びなさい。（4点）

ア．コの字型
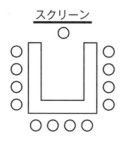

イ．口の字型
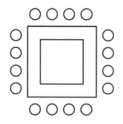

ウ．教室型
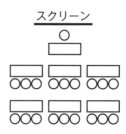

エ．Vの字型
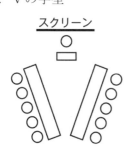

オ．島型
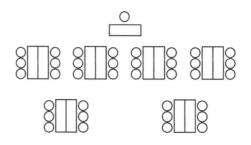

7

受験番号 ｜　｜　｜　｜　｜

第50回社会人常識マナー検定試験
問 題 用 紙

2 級

（令和5年6月3日施行）

問題用紙は回収します。持ち帰り厳禁です。

注　意

- **試験開始の合図があるまで，問題用紙は開かないでください。**
- 試験問題1部と解答用マークシート1枚があります。
- 試験問題は，全部で7ページです。
- 試験問題と解答用マークシートを，試験担当者の指示にしたがって確認してください。ページ不足や違いがある人は，試験担当者まで申し出てください。
- この試験の制限時間は1時間です。
- 解答は，問題の指示にしたがい，すべて解答用マークシートの指定の位置をマークしてください。
- 解答用マークシートの所定の位置に，試験会場，氏名，学校コード，受験番号を必ず記入してください。また，受験級，学校コード，受験番号は，該当する位置を正しくマークしてください。記入漏れやマーク漏れがある場合には，採点の対象とならない場合があります。
- マークは，HBもしくはBの黒鉛筆または黒シャープペンを使用してください。訂正する場合は，プラスチック消しゴムでよく消してください。
- 解答用マークシートの所定の欄以外には，何も記入しないでください。また，折り曲げたり，汚したりしないでください。
- 解答は次の例題にならって，解答マーク欄をマークしてください。
    例題　大阪府より面積の狭い都道府県はどこか。正しいものを選びなさい。
  （ア）東京都　　（イ）神奈川県　　（ウ）沖縄県　　（エ）香川県　　（オ）佐賀県
    正しい答は（エ）香川県　ですから，次のようにマークしてください。

　　　　　　記入例　　　⌒　　⌒　　⌒　　▮　　⌒
　　　　　　　　　　　　ア　　イ　　ウ　　エ　　オ
　　　　　　　　　　　　⌣　　⌣　　⌣　　　　　⌣

- 印刷の汚れや乱丁，筆記用具の不具合等で必要のある場合は，手をあげて試験担当者に合図してください。

主　催　　公益社団法人　全国経理教育協会
後援文部科学省

第1問 【社会常識】

設問1 次の意味を表す四字熟語およびことわざ・慣用句として正しいものを選びなさい。（5点）

1．自然界で起こる災害や珍しい現象のこと

　　（ア）因果応報　　　　（イ）自然淘汰　　　　（ウ）天変地異　　　　（エ）風光明媚

2．周囲の意見や忠告を聞き流して，受け止めないこと

　　（ア）馬耳東風　　　　（イ）我田引水　　　　（ウ）支離滅裂　　　　（エ）付和雷同

3．周囲を敵に囲まれて，支援や助けを望めない状況のこと

　　（ア）四面楚歌　　　　（イ）五里霧中　　　　（ウ）疑心暗鬼　　　　（エ）孤軍奮闘

4．何か少しのきっかけで，危険な状態になりそうなこと

　　（ア）一触即発　　　　（イ）悪戦苦闘　　　　（ウ）千載一遇　　　　（エ）不可抗力

5．乱れた規律を正すこと

　　（ア）一心不乱　　　　（イ）一刀両断　　　　（ウ）品行方正　　　　（エ）綱紀粛正

設問2 次の名称を示す略語として正しいものを選びなさい。（5点）

1．職場内教育訓練

　　（ア）BBC　　（イ）BtoB　　（ウ）DIY　　（エ）ODA　　（オ）OJT

2．農業協同組合

　　（ア）AI　　（イ）ATM　　（ウ）JA　　（エ）JARO　　（オ）JICA

3．最高財務責任者

　　（ア）CEO　　（イ）CIO　　（ウ）CPA　　（エ）COO　　（オ）CFO

4．国際連合教育科学文化機関

　　（ア）EXPO　　（イ）IOC　　（ウ）IPO　　（エ）UNESCO　　（オ）UNICEF

5．世界保健機関

　　（ア）ISO　　（イ）SOHO　　（ウ）NASA　　（エ）WHO　　（オ）WTO

設問3 次の国の首都はどこか。正しいものを選びなさい。（5点）

1．フィリピン

　　（ア）バンコク　　（イ）マニラ　　（ウ）ジャカルタ　（エ）ハノイ　　（オ）アンカラ

2．ネパール

　　（ア）アブダビ　（イ）プノンペン　（ウ）カトマンズ　（エ）カイロ　　（オ）ナイロビ

3．スイス

　　（ア）ウィーン　（イ）プラハ　　（ウ）ベルン　　（エ）ワルシャワ（オ）ベルリン

4．ノルウェー

　　（ア）オスロ　　（イ）リスボン　（ウ）ソフィア　（エ）ヘルシンキ（オ）ストックホルム

5．オーストラリア

　　（ア）キャンベラ（イ）シドニー　（ウ）メルボルン（エ）リマ　　（オ）ウェリントン

1

設問4 次の文章の ☐ の中にあてはまるものを語群の中から選びなさい。(重複不可)(5点)

　企業などの組織においては，従来から，強い ☐1 を発揮して部下や組織を牽引する人材の育成に注力してきた。しかし，経済環境の急速な変化や社会ニーズの多様化への対応から，今日では，部下やメンバーという立場でリーダーへ迅速かつ ☐2 に情報を伝達するなど，チームを支える ☐3 も重要視されている。業務終了後に単なる ☐4 をするだけに留まらず，改善や効率化につながることへ挑んでいくチャレンジ意欲や，自ら考えて行動するために必要となる ☐5 を一人ひとりが持つことも重要である。

　さらに，組織を強化するためには，周囲のメンバーと連携・協力して業務に取り組む協働意識や，組織やチームの成果に貢献できる存在でありたいという貢献意欲をそれぞれがしっかりと持つことも必要である。

語群	ア	タイムリー	イ	リーダーシップ	ウ	報告
	エ	フォロワーシップ	オ	主体性		

設問5 次の文章の ☐ の中にあてはまるものを語群の中から選びなさい。(重複不可)(5点)

　現代社会は，「ヒト」「モノ」「カネ」「情報」が国の枠組みを超えて流通する ☐1 社会である。地域間の経済連携を強化させることにより，地域の活性化や成長を推進させていく動きが続いている。ヨーロッパの ☐2 ，アフリカの ☐3 ，環太平洋のCPTPP，そして最近では日本とヨーロッパでも経済連携協定を締結している。

　また，地域の連携のみに留まらず，世界規模での経済の安定を図るための取り組みも強化され，共通のルールやシステムなど標準的な基準を設定する ☐4 も国際化の象徴として推進されている。さらに，インターネットの普及を軸とした ☐5 革命は，情報の流通・共有・活用によりビジネスのみならず日常生活にも大きな変革を生み出している。

語群	ア	IT	イ	AU	ウ	グローバルスタンダード
	エ	ボーダーレス	オ	EU		

設問6 次の文を読んで正しいものにはアを，誤っているものにはイを選びなさい。(5点)

1．関税率を上げたり輸入量の制限を設けたりすることによって，輸入品が国内に入りにくい状態を作り，国内生産者を保護する措置のことをセーフガードという。

2．国の財源として重要な税金は，その使い道が特定されていない普通税と特定されている特別税とに分類することができる。

3．景気調整機能の一面をも持つ税金は，一般的に好景気時に減税が，景気後退時に増税が実施される。

4．株主・顧客・地域住民・行政機関・金融機関など企業が活動をする上で関わるすべての利害関係者をディスクロージャーという。

5．生活保護水準を下回るような収入で働いている人や状況などをワーキングプアという。

2

第2問 【コミュニケーション】

設問1　次の文章はビジネスメールについて述べたものである。　□　の中にあてはまるものを語群の中から選びなさい。（5点）

　　ビジネスの連絡方法として，メールは欠かせないものとなっている。メールの特徴として，ビジネス文書と比較すると，メールの内容はより　1　される。他に相手との距離に関係なく　2　に送信ができる，同時に　3　の相手に送信ができる，文書・写真などを　4　して送信することができる，文字情報として連絡するため記録として残すことができる，などが挙げられる。ただし，相手がすぐに読むとは限らないため，　5　を要する用件の伝達には不向きである。

語群	ア	複数	イ	瞬時	ウ	緊急	エ	簡略化	オ	添付

設問2　次の文は社外の人に対しての言葉遣いである。適当なものにはアを，不適当なものにはイを選びなさい。（5点）

1．イベント会場が変更になった件は，ご存じでしょうか。
2．大塚様でございますね。いつもお世話になっております。
3．恐れ入りますが，こちらにお座りになってお待ちいただけますでしょうか。
4．新商品発表会の当日は，お気をつけてお越しください。
5．お客様がおっしゃいましたことは，ごもっともでございます。

設問3　次の文は社外文書について述べたものである。適当なものにはアを，不適当なものにはイを選びなさい。（5点）

1．「督促状」とは，当方のミスや相手に損害を与えた場合の謝罪を述べた文書である。
2．「依頼状」とは，こちらの要望を伝えて，行動を起こしてもらうための文書である。
3．「送付状」とは，契約書や資料など，送る文書を明記して添付する文書である。
4．「照会状」とは，会議の開催など，会合や行事への参加を案内する文書である。
5．「契約書」とは，取り引きを行うにあたって，お互いが了承した取引条件を明記した文書である。

3

設問4 次の文は相手に伝わりやすい説明の仕方について述べたものである。もっとも不適当と思われるものを一つ選びなさい。（4点）

ア．説明する内容を十分に理解してから話す。

イ．専門用語・カタカナ語・外国語などは，誰に対しても多用して話す。

ウ．長い説明や複雑な内容のときは，途中で相手が理解していることを確認する。

エ．実物，模型，写真，図表などを活用して具体的に話す。

オ．重要なことや複雑なことは，要点を繰り返し話す。

設問5 次の文は取引先のお客様に用件を伝える際の言葉遣いである。もっとも不適当と思われるものを一つ選びなさい。（4点）

ア．来客に「それについては○○部長に伝えておく」と言うとき
　　「そちらの件につきましては，部長の○○に申し伝えます」

イ．取引先の部長に「○○部長は今日戻ってこないので，用件を聞いておこうか」と言うとき
　　「○○は本日戻って参りませんので，お差し支えなければご用件を承りましょうか」

ウ．取引先の部長に「○○部長は来週の水曜日に会いたいと言っている」と言うとき
　　「○○は来週の水曜日にお会いなさりたいと申しておりますが，いかがでしょうか」

エ．お客様に「このアンケートに記入してください」と言うとき
　　「お手数ですが，こちらのアンケートにご記入いただけますでしょうか」

オ．取引先の部長に「○○部長が契約書の件はもう少し待ってほしいと言っている」と言うとき
　　「大変申し訳ございませんが，部長の○○が契約書の件はもう少々お待ちいただきたいと申しております」

設問6 次のような状況での対応として，もっとも適当と思われるものを一つ選びなさい。（4点）

　　上司から「頼んでおいた新製品発表会の案内状はできているか」と尋ねられた。この仕事は昨日指示されたが，発送は三週間後とのことで急ぐものではないと思い，まだ作成していなかった。

ア．「急ぐようにとは聞いておりませんでした。何か事情が変わったのでしょうか」と確認してから取りかかった。

イ．「申し訳ございません。まだ案内状は完成しておりません。今後は急ぎであればそのようにおっしゃってください」と言って取りかかった。

ウ．「急ぎの仕事だと聞いていれば，すぐに取りかかったのですが」と言って取りかかった。

エ．「申し訳ございません。ここ数日は仕事が立て込んでいて忙しかったのです。今から作成しますので，心配しないでください」と言って取りかかった。

オ．「申し訳ございません。まだできておりません。すぐに案内状の作成に取りかかります。お待ちいただけますでしょうか」と言って取りかかった。

4

第3問 【ビジネスマナー】

設問1　次の文は取引先から電話を受けた際に名指し人が不在のときの対応について述べたものである。適当なものにはアを，不適当なものにはイを選びなさい。（5点）

1．面談中のときは，誰と面談しているのかを伝え，終わり次第こちらから電話するようにしている。

2．外出中のときは，帰社予定時刻を伝え，相手の意向を聞くようにしている。

3．隣の課にいて離席中のときは，理由を相手に伝えるようにしている。

4．出張中のときは，用件を聞き自分が分かることであれば対応するようにしている。

5．休暇中のときは，病気や私用などの休みの理由は伝えないようにしている。

設問2　次の文は秘文書の取り扱いについて述べたものである。適当なものにはアを，不適当なものにはイを選びなさい。（5点）

1．個人情報が入っているファイルは鍵のかかる書庫で管理している。

2．会社のホームページで近日発表される情報は，顧客には話すようにしている。

3．郵送する際は，二重封筒にして外側の封筒には「秘」の印を押して送るようにしている。

4．コピーするときは，必要部数の他に予備を1部コピーするようにしている。

5．貸し出しするときは，取り扱いに注意するように伝え，貸出簿にサインをもらうようにしている。

設問3　次の文は慶事の贈り物について述べたものである。適当なものにはアを，不適当なものにはイを選びなさい。（5点）

1．結婚式の祝いは，新札を用意して祝儀袋に入れて贈った。

2．社内の人への栄転祝いは，部課単位でまとめて餞別を贈った。

3．新築祝いは，大きな鏡など見栄えがよいものを贈った。

4．賀寿の祝いは，当人の好みに合いそうな記念になるものを贈った。

5．取引先の祝賀会には，取引先担当者に希望のものを聞いて贈った。

5

設問4　次の郵便物の送り方について，適当なものを語群の中から選びなさい。（重複不可）（5点）

1．会社のパンフレット
2．取引先との契約書
3．顧客への領収書
4．知人への香典
5．展示会で使用する備品

語群	ア	ゆうメール	イ	現金書留	ウ	ゆうパック	エ	簡易書留	オ	普通郵便

設問5　次は会議の形式について述べたものである。適当なものを語群の中から選びなさい。（5点）

1．アイデアを出すことを目的に行う会議で，お互いに批判しないことを原則とする。
2．参加者を5〜6名のグループに分けて自由に話し合い，その後代表者が意見を発表する。
3．公開座談会など参加者の自由な討議を基本とし，参加者全員で質疑応答する。
4．あるテーマについて数人の専門家が代表として討議を行う。
5．あるテーマについて数人の専門家がそれぞれの立場で講演を行う。

語群	ア	バズセッション	イ	シンポジウム	ウ	パネルディスカッション	エ	フォーラム	オ	ブレーンストーミング

設問6　次のファイリング用具について，適当なものを語群の中から選びなさい。（5点）

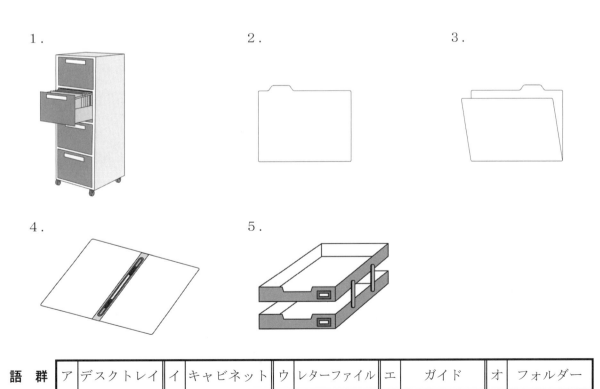

1.　　　　　　　　2.　　　　　　　　3.

4.　　　　　　　　5.

語群	ア	デスクトレイ	イ	キャビネット	ウ	レターファイル	エ	ガイド	オ	フォルダー

6

設問7　次は取引先と会食する際のマナーについて述べたものである。適当なものにはアを，不適当なものにはイを選びなさい。（5点）

1．大きな荷物はクロークに預けるようにする。

2．明るい話題，趣味や旅行，スポーツなど，話が弾むテーマで歓談するようにする。

3．ナプキンは，折り目を手前にしてひざの上に置き，食事が終わったら椅子に置くようにする。

4．ナイフやフォークなどは食事の順番に合わせて内側から使うようにする。

5．食事の速度は，自分のペースで楽しく食べるようにする。

設問8　次の文は取引先を訪問する際に行ったことである。もっとも不適当と思われる対応を一つ選びなさい。（4点）

ア．予約をしてから日数が経過したときは，前日に確認の連絡をした。

イ．コートは事前に脱いでおき，身だしなみを整えてから受付に行った。

ウ．応接室では，案内人に奥の上座を勧められたが出入口に近い下座に座った。

エ．待機中はすぐに必要な書類が取り出せるように，空いている椅子の上にかばんを置いた。

オ．面談の相手が入室したら，すぐに立ち上がり挨拶をした。

設問9　次は職場のマナーについて述べたものである。もっとも不適当と思われるものを一つ選びなさい。（4点）

ア．交通機関の乱れで遅刻してしまうときは，できる限り早く上司に連絡をするようにしている。

イ．来客や上司と廊下ですれ違うときは，脇に寄って最敬礼をするようにしている。

ウ．私用で休む場合は，上司に事前に有給休暇の申請をしている。

エ．外出するときは，職場の行動予定表に「行先・用件・帰社時間」などを書くようにしている。

オ．エレベーターに乗り降りするときは，来客や上司を優先するようにしている。

受験番号 ☐☐☐☐☐☐

第52回社会人常識マナー検定試験
問 題 用 紙

2 級

（令和5年9月23日施行）

問題用紙は回収します。持ち帰り厳禁です。

注　意

- **試験開始の合図があるまで，問題用紙は開かないでください。**
- 試験問題1部と解答用マークシート1枚があります。
- 試験問題は，全部で7ページです。
- 試験問題と解答用マークシートを，試験担当者の指示にしたがって確認してください。ページ不足や違いがある人は，試験担当者まで申し出てください。
- この試験の制限時間は1時間です。
- 解答は，問題の指示にしたがい，すべて解答用マークシートの指定の位置をマークしてください。
- 解答用マークシートの所定の位置に，試験会場，氏名，学校コード，受験番号を必ず記入してください。また，受験級，学校コード，受験番号は，該当する位置を正しくマークしてください。記入漏れやマーク漏れがある場合には，採点の対象とならない場合があります。
- マークは，HBもしくはBの黒鉛筆または黒シャープペンを使用してください。訂正する場合は，プラスチック消しゴムでよく消してください。
- 解答用マークシートの所定の欄以外には，何も記入しないでください。また，折り曲げたり，汚したりしないでください。
- 解答は次の例題にならって，解答マーク欄をマークしてください。
    例題　大阪府より面積の狭い都道府県はどこか。正しいものを選びなさい。
    （ア）東京都　　（イ）神奈川県　　（ウ）沖縄県　　（エ）香川県　　（オ）佐賀県
    正しい答は（エ）香川県　ですから，次のようにマークしてください。

        記入例　　　　ア　　　イ　　　ウ　　　■　　　オ

- 印刷の汚れや乱丁，筆記用具の不具合等で必要のある場合は，手をあげて試験担当者に合図してください。

主　催　公益社団法人　全国経理教育協会
後　援　文　部　科　学　省

第1問　【社会常識】

設問1　次の意味を表す四字熟語およびことわざ・慣用句として正しいものを選びなさい。（5点）

1．自分で自分のことをほめること
　　（ア）自業自得　　　　（イ）美辞麗句　　　　　（ウ）自画自賛　　　（エ）一喜一憂
2．言葉を交わさなくても，考えや気持ちが通じること
　　（ア）意気投合　　　　（イ）以心伝心　　　　　（ウ）呉越同舟　　　（エ）不言実行
3．大切な根幹と，そうではないことの優先順位を取り違えること
　　（ア）天変地異　　　　（イ）本末転倒　　　　　（ウ）大同小異　　　（エ）優柔不断
4．命令や指示が頻繁に修正，変更されること
　　（ア）大義名分　　　　（イ）言語道断　　　　　（ウ）起承転結　　　（エ）朝令暮改
5．大勢の中から選抜されて，指名されること
　　（ア）光陰矢の如し　　（イ）白羽の矢が立つ　　（ウ）鶴の一声　　　（エ）鎬を削る

設問2　次の名称を示す略語として正しいものを選びなさい。（5点）

1．世界貿易機関
　　（ア）WHO　　　（イ）WIPO　　（ウ）WTO　　　（エ）ISO　　　（オ）IPO
2．国民総生産
　　（ア）GDP　　　（イ）GNP　　（ウ）GPS　　　（エ）NGO　　　（オ）NPO
3．万国博覧会
　　（ア）IOC　　　（イ）PR　　　（ウ）EXPO　　（エ）JARO　　（オ）VIP
4．企業の合併・買収
　　（ア）MBA　　　（イ）M&A　　（ウ）R&D　　　（エ）ROE　　　（オ）FRB
5．よくある質問と回答
　　（ア）CPA　　　（イ）FTA　　（ウ）CFO　　　（エ）FAQ　　　（オ）TQC

設問3　次の国の首都はどこか。正しいものを選びなさい。（5点）

1．フランス
　　（ア）ロンドン　　（イ）ミラノ　　　（ウ）ウィーン　（エ）パリ　　　　（オ）ローマ
2．ベルギー
　　（ア）ダブリン　　（イ）ベルン　　　（ウ）リスボン　（エ）ワルシャワ　（オ）ブリュッセル
3．ベトナム
　　（ア）ホーチミン　（イ）バンコク　　（ウ）ハノイ　　（エ）ソウル　　　（オ）マニラ
4．インド
　　（ア）ジャカルタ　（イ）ナイロビ　　（ウ）カイロ　　（エ）カトマンズ　（オ）ニューデリー
5．キューバ
　　（ア）プラハ　　　（イ）ブラジリア　（ウ）リマ　　　（エ）ハバナ　　　（オ）サンティアゴ

1

設問4 次の文章の ☐ の中にあてはまるものを語群の中から選びなさい。（重複不可）（5点）

　　国家運営のための財源になる税金は，国民や ☐1 から徴収されている。税金は，さまざまな ☐2 を実施するために必要不可欠なもので，国や ☐3 によって適切に使われることが大前提となっている。税金には，景気を調整するという機能もある。一般的に， ☐4 には増税を， ☐5 には減税を実施することによって，経済活動や消費活動に直接的・間接的な影響を与えている。

語　群	ア	法人	イ	好景気	ウ	景気低迷期
	エ	公共サービス	オ	地方自治体		

設問5 次の文章の ☐ の中にあてはまるものを語群の中から選びなさい。（重複不可）（5点）

　　企業が社会から信頼を得て存続していくためには，法令遵守の徹底と情報開示の推進，説明責任の強化が重要である。しかし，残念ながら企業の不祥事は未だに後を絶たない。 ☐1 の不備による残業代不払いや，採用・配属・昇進・昇格などでの ☐2 による差別も問題である。また，不法投棄や ☐3 の必要性を隠しての費用負担回避や，上司や同僚などによる人間性の軽視ともいえる ☐4 の横行など枚挙にいとまがない。企業としての問題意識や危機意識が不足しているだけではなく，自社都合の勝手な判断基準による組織経営が原因ともいえるこのような事例は，社会からの信頼感を一気に低下させ， ☐5 を大きく傷つけ，企業の存続危機にまで発展する可能性もある。

語　群	ア	リコール	イ	ブランドイメージ	ウ	性別
	エ	人事管理体制	オ	ハラスメント		

設問6 次の文を読んで正しいものにはアを，誤っているものにはイを選びなさい。（5点）

1．APECとは，関税の撤廃・削減や，投資・知的財産など幅広い分野で共通ルールを定めた環太平洋経済連携協定の略称である。

2．人口や国土など豊富な資源を持ち，経済成長が顕著な新興国として注目されているBRICSは，ブラジル・ロシア・インド・中国・南アフリカの5か国で構成されている。

3．計画（Plan）・実行（Do）・解決（Clear）・行動（Action）の頭文字をとって，業務効率化の促進を図る手法をPDCAサイクルという。

4．企業内教育の手法としては，業務経験などを通して育成を図るOJTと，日常業務から離れて研修や講習を受講することで知識や意識を向上させるOff-JTとに分けられる。

5．公益法人や民間団体などが実施する試験によって，官庁や担当大臣が認定する資格は国家資格である。

2

第2問 【コミュニケーション】

設問1 次の文章は注意・忠告の仕方について述べたものである。　□　の中にあてはまる適切な言葉を語群の中から選び解答欄に記入しなさい。（5点）

　　　注意・忠告をする目的は，相手に言動などを改めさせることである。そのためには　1　であるかを確認する。なぜそうなったのか原因を追求し，効果を予測して　2　を示す。相手を感情的にさせないためにも，他の人と　3　しない。時と　4　を考えて，原則は一対一で話す。忠告した後は，注意したことが改善されているかどうかを見守る。もし改善されていないときは，　5　をみて繰り返し注意をする。

語　群	ア	比較	イ	機会	ウ	事実	エ	改善策	オ	場所

設問2 次の文は社外の人に対しての言葉遣いである。適当なものにはアを，不適当なものにはイを選びなさい。（5点）

1．恐れ入りますが，ご予約は賜っておりますでしょうか。
2．私どもの課長の品川は，本日お休みでいらっしゃいます。
3．先日お送りしました資料は，ご拝受くださいましたでしょうか。
4．お忙しい中，ご足労をお掛けしまして申し訳ございません。
5．こちらの資料にお目通しいただけますでしょうか。

設問3 次の文は社交文書について述べたものである。適当なものにはアを，不適当なものにはイを選びなさい。（5点）

1．文書番号や標題は，一般的に入れないようにする。
2．格式が高い文書には，句読点はつけないようにする。
3．悔やみ状は，頭語・前文・主文の順に適切な敬語を使用して書く。
4．祝い状は，「令和○年○月○日吉日」のように吉日を使用する。
5．主に縦書きにして，発信日付・頭語・前文・主文・末文・結語・発信者名・受信者名の順に書く。

3

設問4 次のような状況での対応として，もっとも適当と思われるものを一つ選びなさい。（4点）

> 　会議から戻った課長から「午前中に使った会議室に資料などが残っていた。机も汚れていたので，きちんと片付けるようにしてほしい」と注意された。

ア．「申し訳ありません。今後は片付ける人を指名してください」と言う。

イ．「今後のこともありますので，全員に注意してください」と言う。

ウ．「了解しました。私は当事者ではありませんが，気をつけるようにいたします」と言う。

エ．「申し訳ございませんでした。以後気をつけるようにいたします」と言う。

オ．「私は片付けておりませんので，片付けた人に注意しておきます」と言う。

設問5 次の文は社外の人との電話応対での言葉遣いである。もっとも不適当と思われるものを一つ選びなさい。（4点）

ア．電話を掛けて相手が出たとき
　　「私，○○の□□と申します。いつもお世話になっております」

イ．電話の相手を確認するとき
　　「○○の□□様でございますね。いつもお世話になっております」

ウ．名指し人が不在のとき
　　「あいにく○○は，ただいま外出中でございます」

エ．相手の電話番号を聞くとき
　　「念のためにご連絡先をお聞かせいただけますでしょうか」

オ．名指し人が不在で折り返し電話をするとき
　　「○○が戻りましたら，□□様にご連絡するように，確かに申し伝えます」

設問6 次のような状況での対応として，もっとも適当と思われるものを一つ選びなさい。（4点）

> 　上司（品川課長）から「急に取引先を訪問することになったので，部内会議は欠席するからよろしく」と言われた。

ア．部長のところへ行き「品川課長は部内会議を欠席します。申し訳ありません」と詫びた。

イ．部内会議の担当者のところへ行き「課長は欠席にしてくださいと，伝言がありました」と伝えた。

ウ．品川課長が仕事で会議に出られないことを部員は知っているだろうから何もしない。

エ．部内会議が始まる直前に議長のところへ行き「課長は急用で出掛けたので欠席します」と伝えた。

オ．部内会議の担当者のところへ行き「品川課長は取引先へ行かれましたので，会議は欠席でお願いします」と伝えた。

4

第3問 【ビジネスマナー】

設問1　次の文は職場のマナーについて述べたものである。適当なものにはアを，不適当なものには
イを選びなさい。（5点）

1．やむを得ない事情のため早退するときは，上司に理由を話して許可を得るようにする。
2．廊下で上司を追い越すときは「失礼します」と最敬礼をしながら言う。
3．コピー機で大量に印刷をするときは，少量の印刷をする人に先を譲る配慮をしている。
4．外出中の上司から帰社が1時間ほど遅くなると連絡が入ったときは，周囲の課員にも知らせる
ようにしている。
5．外出先から職場に戻らずそのまま帰宅するときは，行動予定表に「直出」と書いている。

設問2　次の文は名刺交換について述べたものである。適当なものにはアを，不適当なものにはイを
選びなさい。（5点）

1．名刺は，切らすことがないよう十分な枚数を名刺入れに入れておくようにしている。
2．名刺交換を行う際は，基本的に座った状態で行うようにしている。
3．上司と一緒のときは，自分が先に名刺交換をするようにしている。
4．名刺は相手が読みやすいように向けて渡すようにしている。
5．名刺を受け取ったら，忘れないようにすぐに名刺入れに入れるようにしている。

設問3　次の文は電話応対のマナーについて述べたものである。適当なものにはアを，不適当なもの
にはイを選びなさい。（5点）

1．取引先には，始業直後に電話を掛けるようにしている。
2．間違い電話を掛けたときには，丁寧に詫びてから切るようにしている。
3．勧誘の電話は，相手が不快にならないよう，はっきりとは断らないようにしている。
4．担当者が不在のときは，伝言をお願いするようにしている。
5．基本的に電話を受けた側が先に切るようにしている。

5

設問4 次の語句と関係あるものを語群の中から選びなさい。（重複不可）（5点）

1．縁起の良い日

2．葬儀を控える日

3．長寿の祝い

4．結婚50周年の祝い

5．官公庁におけるその年の最後の執務

語　群	ア	賀寿	イ	金婚式	ウ	御用納め	エ	友引	オ	大安

設問5 次の文は郵便物の送り方について述べたものである。適当なものにはアを，不適当なものにはイを選びなさい。（5点）

1．本やカタログを割安で送るときは，中身が分かるように袋の一部を開いて「ゆうメール」にする。

2．秘文書や契約書などを送るときは，封筒に「親展」と表記し「料金受取人払」にする。

3．写真を送るときは，封筒の中身が分かるように「写真在中」と記載する。

4．ＡＢＣホテルに宿泊している大塚課長宛てに書類を送るときは「ＡＢＣホテル御中　大塚様」と記載する。

5．毎月50通以上の料金の異なる郵便物を送るときは「料金別納郵便」にする。

設問6 次の会議用語について，あてはまるものを語群の中から選びなさい。（5点）

1．株式会社の最高意思決定機関

2．会議の決議成立に最低限必要な出席者の人数

3．組織の上位者が，下位者に特定の問題について意見を求めること

4．挙手，起立，投票などの方法で議案の可否を決めること

5．予定された議案以外に，議題を口頭で提出すること

語　群	ア	諮問	イ	動議	ウ	株主総会	エ	採決	オ	定足数

6

設問7　次の出版物について関係のあるものを語群の中から選びなさい。（5点）

1．過去に発行された出版物
2．一般紙の半分の大きさの新聞
3．大学や研究所などの研究論文集
4．政党や団体が発行する新聞
5．発行年月日や著者などが記載されている部分

語　群	ア	タブロイド紙	イ	機関紙	ウ	紀要	エ	奥付	オ	バックナンバー

設問8　次の文は社内の会議運営の際に行ったことである。もっとも不適当と思われる対応を一つ選びなさい。（4点）

ア．会議開始30分前に，机の配置，プロジェクターの投影，資料の準備を行った。
イ．会議開始10分前に，参加者が来たので受付を行った。
ウ．会議開始時刻になっても来ない人がいたので，内線電話で本人に連絡をした。
エ．会議を開始する前に，議事録作成のために録音することを参加者に伝えた。
オ．会議中の出席者に掛かってきた電話は，内線電話ですぐに本人に取り次ぐようにした。

設問9　次は祝儀袋のイラストである。大塚真二が品川一郎（先輩），上野美咲（後輩）と連名で山田花子（同僚）の出産祝いを贈るとき，もっとも適当と思われるものを一つ選びなさい。（4点）

ア．　　　　イ．　　　　ウ．　　　　エ．　　　　オ．

御祝／品川一郎 大塚真二 上野美咲

寿／山田花子様

出産祝／山田花子様

山田花子様／祝御出産／上野美咲 品川一郎 大塚真二

山田花子様／御祝／品川一郎 他二名

受験番号 ｜ ｜ ｜ ｜ ｜ ｜

第54回社会人常識マナー検定試験
問 題 用 紙

2 級

（令和6年1月20日施行）

問題用紙は回収します。持ち帰り厳禁です。

注 意

・**試験開始の合図があるまで，問題用紙は開かないでください。**
・試験問題1部と解答用マークシート1枚があります。
・試験問題は，全部で8ページです。
・試験問題と解答用マークシートを，試験担当者の指示にしたがって確認してください。ページ不足や違いがある人は，試験担当者まで申し出てください。
・この試験の制限時間は1時間です。
・解答は，問題の指示にしたがい，すべて解答用マークシートの指定の位置をマークしてください。
・解答用マークシートの所定の位置に，試験会場，氏名，学校コード，受験番号を必ず記入してください。また，受験級，学校コード，受験番号は，該当する位置を正しくマークしてください。記入漏れやマーク漏れがある場合には，採点の対象とならない場合があります。
・マークは，HBもしくはBの黒鉛筆または黒シャープペンを使用してください。訂正する場合は，プラスチック消しゴムでよく消してください。
・解答用マークシートの所定の欄以外には，何も記入しないでください。また，折り曲げたり，汚したりしないでください。
・解答は次の例題にならって，解答マーク欄をマークしてください。
　　例題　大阪府より面積の狭い都道府県はどこか。正しいものを選びなさい。
　（ア）東京都　　（イ）神奈川県　　（ウ）沖縄県　　（エ）香川県　　（オ）佐賀県
　　正しい答は（エ）香川県　ですから，次のようにマークしてください。

　　　　　　　　記入例　　　（ア）　　（イ）　　（ウ）　　■　　（オ）

・印刷の汚れや乱丁，筆記用具の不具合等で必要のある場合は，手をあげて試験担当者に合図してください。

主 催　公益社団法人　全国経理教育協会
後 援 文 部 科 学 省

第1問 【社会常識】

設問1　次の意味を表す四字熟語およびことわざ・慣用句として正しいものを選びなさい。（5点）

1．人間の力ではどうすることもできない力や事態のこと

　　（ア）試行錯誤　　　　　（イ）自力更生　　　　　（ウ）不可抗力　　　　（エ）力戦奮闘

2．言葉では言い尽くせないほど，深く感じ入ること

　　（ア）美辞麗句　　　　　（イ）感慨無量　　　　　（ウ）風光明媚　　　　（エ）言語道断

3．自分の考えが明確ではなく，安易に他人の言動に同調すること

　　（ア）暗中模索　　　　　（イ）朝令暮改　　　　　（ウ）付和雷同　　　　（エ）呉越同舟

4．あちらこちらへと，忙しくかけ回ること

　　（ア）起死回生　　　　　（イ）五里霧中　　　　　（ウ）独立独歩　　　　（エ）東奔西走

5．後がないという決死の覚悟で物事にあたること

　　（ア）鶴の一声　　　　　（イ）鎬を削る　　　　　（ウ）背水の陣　　　　（エ）断腸の思い

設問2　次の名称を示す略語として正しいものを選びなさい。（5点）

1．自由貿易協定

　　（ア）APEC　　（イ）FAQ　　（ウ）FTA　　（エ）G7　　（オ）WTO

2．最高経営責任者

　　（ア）CEO　　（イ）CFO　　（ウ）CIO　　（エ）COO　　（オ）CPA

3．企業間取引

　　（ア）BtoB　　（イ）BtoC　　（ウ）BBC　　（エ）BtoG　　（オ）DIY

4．新規株式公開

　　（ア）ICT　　（イ）ILO　　（ウ）IOC　　（エ）IPO　　（オ）ISO

5．核兵器不拡散条約

　　（ア）NASA　　（イ）NATO　　（ウ）NGO　　（エ）NISA　　（オ）NPT

設問3　次の国の首都はどこか。正しいものを選びなさい。（5点）

1．中国

　　（ア）上海　　　　（イ）大連　　　　（ウ）南京　　　　（エ）北京　　　　（オ）香港

2．イタリア

　　（ア）パリ　　　　（イ）ベルリン　　　（ウ）リマ　　　　（エ）ローマ　　　（オ）ロンドン

3．ポーランド

　　（ア）ワルシャワ　（イ）プラハ　　　（ウ）ブタペスト　（エ）ソフィア　　（オ）アンカラ

4．フィンランド

　　（ア）リスボン　　（イ）ヘルシンキ　（ウ）オタワ　　　（エ）オスロ　　　（オ）ウィーン

5．イラン

　　（ア）プノンペン　（イ）バグダット　（ウ）バンコク　　（エ）テヘラン　　（オ）ダッカ

1

設問4 次の文章の ☐ の中にあてはまるものを語群の中から選びなさい。（重複不可）（5点）

日本の中央省庁は，担当する分野ごとに設置されている。主な特別機関や外局はそれぞれ管轄する省庁が決められており，気象庁・観光庁は ☐1 ，消防庁は ☐2 ，特許庁・中小企業庁は ☐3 ，国税庁は ☐4 ，そして金融庁・消費者庁は ☐5 が管轄の省となっている。その他にも検察庁・公安調査庁は法務省，文化庁は文部科学省が管轄して機能を果たしている。

語 群	ア	内閣府	イ	国土交通省	ウ	経済産業省	エ	総務省	オ	財務省

設問5 次の文章の ☐ の中にあてはまるものを語群の中から選びなさい。（重複不可）（5点）

仕事を通してキャリアを形成することは大切であるが，キャリアとは過去の実績や職歴だけを意味するものではなく，将来を含めた ☐1 で捉えて自ら形成していくべきものである。☐2 の際には新しい環境に対応しながら知識やスキルを身に付ける必要性に迫られたり，ＯＦＦ－ＪＴの一環として ☐3 の機会を与えられたりすることもある。しかし，周囲や会社から与えられる機会を待つだけではなく，自分自身で ☐4 を設定し積極的に機会を作り出すことが，キャリアを形成していくうえでは重要である。より多くの経験をすることによって能力を高め，目標としている自分になるための ☐5 を維持していく必要もある。

語 群	ア	目標	イ	時間軸	ウ	意欲	エ	人事異動	オ	研修

設問6 次の文を読んで正しいものにはアを，誤っているものにはイを選びなさい。（5点）

1．労働力人口は，15歳以上の就業者と完全失業者のうち，学生や働く意思・能力を持たない者を除いて算出される。

2．企業の社会的責任の一つであるステークホルダーへの説明責任や説明義務のことをコンプライアンスという。

3．企業活動において発生する可能性のあるさまざまなリスクを日常的に想定し，準備や対策を立てることにより，損失を極力減少させられるように取り組む危機管理をナレッジ・マネジメントという。

4．国家公務員・地方公務員・私立学校教職員とその扶養家族を対象とした公的社会保険を労災保険という。

5．経営陣が，自社の株式や事業などを所有者から買収することをマネジメント・バイアウト（ＭＢＯ）という。

第2問 【コミュニケーション】

設問1　次の文章は接遇のポイントについて述べたものである。　□　の中にあてはまるものを語群の中から選びなさい。（重複不可）（5点）

　　接遇とはおもてなしの心を持って相手に接することである。相手に対して最良のサービスをし，最大の満足を与えることで，好ましい　1　を作り出すことができる。イメージアップにつながる清潔感がある　2　や，声の大きさ・速さ・口調など安心感を与える　3　に気をつける。また，親しみやすい　4　は相手の心を開く効果があるといわれている。相手を大切に思う気持ちや　5　での対応・態度などに気をつけることも大切である。

語 群	ア	笑顔	イ	身だしなみ	ウ	話し方	エ	相手目線	オ	人間関係

設問2　次の文は社外の人に対しての言葉遣いである。適当なものにはアを，不適当なものにはイを選びなさい。（5点）

1．（面談の日程変更をお願いするとき）
　　「誠に申し訳ございませんが，面談の日程を変更させていただけませんでしょうか」
2．（申込書に記入して送ってほしいとき）
　　「お手数ですが，申込書にご記入していただき，お送りしてください」
3．（そのことは担当者が聞きますと言うとき）
　　「そちらの件につきましては，担当の者が承ります」
4．（新商品説明会で遅くまで手伝ってくれた関係者にお礼を言うとき）
　　「遅くまでご苦労様でございました。おかげで本当に助かりました」
5．（会議資料を事前に見ておいてほしいとき）
　　「恐れ入りますが，会議資料を事前にご覧になられてくださいますか」

設問3　次の文はビジネスメールについて述べたものである。適当なものにはアを，不適当なものにはイを選びなさい。（5点）

1．メールは急ぎの用件を伝えるときに適している。
2．件名は「販売会議のご案内」など分かりやすく具体的に書く。
3．社外の人も参加する会議の案内メールには，地図や案内状を添付する。
4．メールの宛先を公にしないで送りたいときには，送信先のＣＣに相手のアドレスを入力する。
5．1行は30〜35文字程度の文章にして，区切りのよいところで1行空きを入れて読みやすくする。

3

設問4　次のような状況での言葉遣いについて，もっとも適当と思われるものを一つ選びなさい。

（4点）

> 営業課員が取引先との商談が順調に進んだことを，上司の課長に報告している。

ア．課長から「商談が順調に進んでよかったじゃないか。先方の課長も納得してくれたんだね」と言われたので「はい。課長のアドバイスどおりに進めましたので，先方の〇〇課長も納得なされていました」と言った。

イ．課長から「報告書ができたら確認するから持ってきて」と言われたので「ありがとうございます。できるだけ早く作成しますが，いつまでに仕上げればよろしいでしょうか」と言った。

ウ．課長から「今後は売上データをまとめて提案するのもいいかもしれないな」と言われたので「私ではまだまだ役不足ですが，先輩に教えていただきながら作成していきます」と言った。

エ．課長から「これからもしっかり頼むよ」と言われたので「ありがとうございます。これからも精一杯頑張らせていただきます」と言った。

オ．課長から「進め方は前の担当者の大塚君に相談しなさい」と言われたので「大塚さんは苦手なので，自分だけでやります」と言った。

設問5　次の文は上司（品川課長）の不在時に掛かってきた電話に対応したことである。もっとも不適当と思われるものを一つ選びなさい。（4点）

ア．品川課長が外出中（17時帰社）に掛かってきた取引先からの電話に「品川はただ今外出しております。17時に戻りますが，いかがいたしましょうか」と言った。

イ．品川課長が外出中に掛かってきた課長の家族からの電話に「品川は外出しております。伝言をお受けしますので，おっしゃってください」と言った。

ウ．品川課長が会議中に掛かってきた取引先からの電話に「申し訳ございません。あいにく品川はただ今会議中でございます。終わり次第こちらからご連絡いたしますが，よろしいでしょうか」と言った。

エ．品川課長が「ちょっと病院に行ってくる」と出掛けた後に，取引先から掛かった電話に「品川はただ今外出しております。よろしければ代わりの者が承りますが，いかがいたしましょうか」と言った。

オ．品川課長が他部署で打ち合わせ中に掛かってきた部長からの電話に「課長は打ち合わせ中でいらっしゃいます。お急ぎでしょうか」と言った。

4

設問6　次の文は，取引先の担当者・上司・先輩から注意を受けるときに心掛けていることである。もっとも適当と思われるものを一つ選びなさい。（4点）

ア．先輩から注意されたことの原因が自分ではないときには，「そちらの件は，私ではなく○○さんが対応したことです」と事実を確認してもらえるように，すぐ反論している。

イ．上司から注意されたことが納得いかないときには，後で先輩など周囲の人に「○○についての先輩の考えを教えてください」と多くの意見を聞くようにしている。

ウ．取引先の担当者から自分が担当していないことを注意されたときには，「申し訳ございませんが，私は担当ではありませんので，分かりかねます」とはっきり伝えるようにしている。

エ．先輩から注意されたことをどのようにすればよいか分からないときには，先輩に「お手数をおかけいたしますが，お時間のあるときに教えていただけませんでしょうか」とお願いするようにしている。

オ．上司から同じことを注意されたときには，最後まで聞く必要がないので，話の途中で「申し訳ございませんでした。前にも注意されたことですので分かっています」と言っている。

5

第3問 【ビジネスマナー】

設問1 次の文は職場のマナーについて述べたものである。適当なものにはアを，不適当なものにはイを選びなさい。（5点）

1．外出するときは，職場内の行動計画表に「行先」「帰社時間」などを書く。
2．15分以上離席するときは，周囲にどこへ行くか，いつ戻るかなどを伝えている。
3．同僚には親しみをこめて「○○ちゃん」やニックネームで呼ぶ。
4．所属部署の事務所に入るときは，ノックをしてから入る。
5．机の上には仕事に必要な最小限のものだけを置き，整理整頓をする。

設問2 次の文は取引先を訪問する際のマナーについて述べたものである。適当なものにはアを，不適当なものにはイを選びなさい。（5点）

1．転勤の挨拶は短い時間で済むため，約束を入れないで訪問している。
2．バッグは，動きやすいように肩に掛けて持ち歩くようにしている。
3．応接室で案内人に上座を勧められたときは，上座に座ってもかまわない。
4．待機中は，面談希望者が来るまでは，ゆったりとくつろいでいる。
5．面談の相手が入室したら，相手が座ってから挨拶する。

設問3 次の文は電話を掛ける際のマナーについて述べたものである。適当なものにはアを，不適当なものにはイを選びなさい。（5点）

1．お世話になっている取引先には，始業直後に電話を掛けるようにしている。
2．間違い電話を掛けたときは，一方的に切ると失礼となるため，間違えたことを謝罪し，自分の名前や連絡先を伝えるようにしている。
3．留守番電話に伝言を入れるときは，会社名と氏名，用件を簡潔に伝えるようにしている。
4．相手が誰であっても，基本的に先に切るようにしている。
5．顧客との電話が途中で切れてしまったときは，こちらから掛けるようにしている。

6

設問4　次の弔事に関する説明について関係のあるものを語群の中から選びなさい。（重複不可）（5点）

1．仏式の礼拝
2．神式の礼拝
3．キリスト教式の礼拝
4．通夜や葬儀で飾られる花
5．故人の冥福を祈る儀式

語　群	ア	供花	イ	法事	ウ	献花	エ	玉串奉奠	オ	焼香

設問5　次は社内会議の準備について述べたものである。適当なものにはアを，不適当なものにはイを選びなさい。（5点）

1．定例会議の案内状は，基本的には送らない。
2．会議室は，意見交換がしやすいように机をスクール型にする。
3．開始前に，使用する機器の確認や空調の調整を行う。
4．オブザーバーの位置は，発言者の顔が見やすい位置にする。
5．正確な議事録を作成するために，会議を録音する。

設問6　次の物の数え方について，あてはまるものを語群の中から選びなさい。（5点）

1．椅子
2．エレベーター
3．小説
4．箸
5．湯飲み

語　群	ア	膳	イ	客	ウ	基	エ	脚	オ	編

設問7　次の資料はどの部署に問い合せをしたらよいか。あてはまるものを語群の中から選びなさい。
　　　　（重複不可）（5点）

1．取締役会の案内状

2．取引先一覧表

3．社員研修年間予定表

4．貸借対照表

5．市場調査の報告書

語　群	ア	財務部	イ	人事部	ウ	企画部	エ	総務部	オ	営業部

設問8　次の文は日程管理について述べたものである。もっとも不適当と思われる対応を一つ選びなさい。（4点）

ア．面談予約は，メールや電話で行っている。

イ．日程表は，変更になることもあるため，決定してから書くようにしている。

ウ．打合せや会議などは時間が延長することもあるため，余裕をもって日程調整をしている。

エ．期限のあるものは締切日時を日程表にも書くようにしている。

オ．業務に関する日程は，自分だけでなく部署内でも共有しておく。

設問9　次はお茶の運び方と茶菓の出し方のイラストである。もっとも適当と思われるものを一つ選びなさい。（4点）

ア．　　　　　　　　　　イ．　　　　　　　　　　ウ．

エ．　　　　　　　　　　　　　　オ．

客側　　　　　　　　　　　　　客側

8

主催　公益社団法人　全国経理教育協会

社会人常識マナー検定試験解答用紙
（2級・3級）

試験会場

氏名

氏名

（注意事項）

1. 試験会場、氏名、学校コード、受験番号を必ず記入してください。
2. 学校コード、受験番号、受験級は該当する位置を正しくマークしてください。
3. マークは、HBもしくはBの黒鉛筆または黒シャープペンを使用してください。
4. 訂正の場合は、あとが残らないように消しゴムできれいに消し、消しくずを残さないでください。
5. 所定の記入欄以外には何も記入しないでください。
6. 解答用紙は、折り曲げたり汚したりしないでください。

（マーク例）

	良い例	悪い例
	●	◐ ✗ ◍ ○

受験番号

学校コード

受験級 2 3

第1問　社会常識

【設問1】【設問2】【設問3】【設問4】【設問5】【設問6】
（各設問 選択肢 1〜5、選択肢ア〜オ）

第2問　コミュニケーション

【設問1】【設問2】【設問3】【設問4】【設問5】【設問6】

第3問　ビジネスマナー

【設問1】【設問2】【設問3】【設問4】【設問5】（以下、2級のみ）
【設問6】（以下、2級のみ）【設問7】【設問8】【設問9】

社会人常識マナー検定試験

標 準 解 答・解 説

公益社団法人　全国経理教育協会

第1問【社会常識】

設問1

解答	1．イ（順風満帆）　　2．エ（独断専行）　　3．エ（四面楚歌） 4．ウ（神出鬼没）　　5．ア（お茶を濁す）
解説	1．「平穏無事」は，特に変わったこともなく穏やかな様子のことで，「紆余曲折」は，物事の事情が複雑に込み入って変化すること 2．「自業自得」は，自分が行ったことの報いを自分が受けることで，「独立独歩」は，他人の助けを受けずに自分の力だけで信じた道を行くこと 3．「表裏一体」は，二つのものが切り離せないほど密接なことで，「起死回生」は，絶望的な状態から立ち直らせること 4．「東奔西走」は，あちらこちらへと忙しく走り回ることで，「悪戦苦闘」は，困難な状況下でも苦しみながら必死に努力すること 5．「鎬（しのぎ）を削る」は，激しく競い合うことで，「木を見て森を見ず」は，細部にこだわって全体像が見えていないこと

設問2

解答	1．ウ（ICT）　　2．ウ（ODA）　　3．オ（ISO）　　4．ア（JAS） 5．エ（R&D）
解説	1．ICT（情報通信技術）は，Information and Communication Technologyの略で，情報技術のみならず通信に関する技術を総合的に指します。 2．ODA（政府開発援助）は，Official Development Assistanceの略で，先進国の政府や政府関連機関が，発展途上国の経済発展や生活向上のために行う援助や資金のことです。 3．ISO（国際標準化機構）は，International Organization for Standardizationの略で，国際的な標準となる国際規格を策定するための非政府組織です。 4．JAS（日本農林規格）は，Japanese Agricultural Standardの略で，日本の農林物資の品質保証に関する規格です。 5．R&D（研究開発）は，Research and Developmentの略です。

設問3

解答	1．オ（クアラルンプール）　　2．イ（バンコク）　　3．イ（ロンドン） 4．オ（モスクワ）　　5．ウ（ウェリントン）
解説	主要国の位置や首都名などの基本情報は社会人としての常識です。さらに，日々のニュースなどを見聞きし，国際情勢に関する知識も習得していきましょう。

設問4

解答	1．ウ（人事異動）　　2．オ（研修）　　3．エ（目標） 4．イ（意欲）　　5．ア（時間軸）
解説	キャリアを形成していくうえでは，意図しない環境変化によるものも多くあります。そうした機会をチャンスとし，より多くのことを経験し成長していくことが大切です。

設問5

解答	1．オ（情報）　　　　　　　　　2．エ（ＡＵ）　　　3．イ（ＴＰＰ） 4．ウ（グローバルスタンダード）　　5．ア（ＩＴ）
解説	インターネットの普及を軸としたＩＴ革命は，日常生活のみならずビジネスにおいても非常に大きな変化をもたらしました。業務の効率化，ビジネスの迅速化などあらゆる場面で活用され，ビジネスそのもののスタイルも大きく変革しています。

設問6

解答	1．イ　2．ア　3．ア　4．イ　5．イ
解説	1．デフレーションとは，物価水準が持続的に下降を続けていく現象のことをいいます。 4．消費税は，納税者が直接税金を納めるのではなく，納税義務のある事業者などを通じて納める間接税です。 5．企業と消費者間の取引は，ＢｔｏＣ（Business-to-Consumer）です。

第２問【コミュニケーション】

設問1

解答	1．ウ（契約書）　　2．オ（依頼状）　　　3．ア（照会状）　　　　4．エ（稟議書） 5．イ（督促状）
解説	他に，報告書（調査や業務に関わる経過や結果を報告する文書），議事録（会議の全容・結論・経過・検討した事項などを記録する文書），通知書（必要事項を関係者に伝える・上層部が決定した指示や命令を関係する社員に伝える文書）などがあります。

設問2

解答	1．イ　2．イ　3．ア　4．イ　5．ア
解説	1．「ご覧になられてくださいますか」が尊敬語の「ご覧になる」と「られる」の二重敬語になっているため不適当です。「ご覧いただけますでしょうか」が適当です。 2．「お～する」「ご～する」は謙譲語ですので，相手にしてもらうことに「ご記入して」「お送りして」が不適当です。「ご記入いただき」「お送りください」が適当です。 4．「ご苦労さまでございました」が不適切です。「ご苦労さま」は目上の人が目下の人に使う言葉です。上司や目上の人，取引先の人には使わないようにします。

設問3

解答	1．イ　2．イ　3．イ　4．ア　5．ア
解説	注意・忠告をするのは，今後改善してほしいことであるため，効果を考えて注意することが重要です。 1．他の人と比較して注意をされると，気分を害し内容が伝わりにくくなるため不適当です。 2．みなの前で注意されると，恥をかかせることになり内容が伝わりにくくなるため不適当です。原則一対一で注意します。 3．感情的にならないようにすることと文書にすることは別のことですので不適当です。口頭で注意することが基本です。

設問4

解答	エ
解説	案内状に来賓者名を入れることはありませんので不適当です。案内状は「拝啓」または「謹啓」の頭語で始まり「敬具」または「敬白」の結語で終わる挨拶文を入れます。出席・欠席を尋ねる案内状はなるべく早めに出します。人数が多い場合には遅くとも1カ月前には，参加者から出欠についての返答を得ることができるようにスケジュールを組みます。

設問5

解答	ウ
解説	ア．初対面の来客には「初めまして，私○○株式会社の△△と申します。どうぞよろしくお願いいたします」と名刺を差し出してきちんと挨拶します。 イ．相手からの名刺は両手で丁寧に受け取り，「○○株式会社の△△様でいらっしゃいますね。どうぞよろしくお願いいたします」と挨拶します。 エ．「次年度は予算が取れるかもしれません」と推測で期待を持たせるような言い方は不適切です。 オ．上司の大塚課長から「今年は予算が取れなかったので断るように」と指示されているにもかかわらず，「数回お越しいただきましたら，会社として再検討できるかもしれません」と自分の判断で言うのは不適当です。

設問6

解答	ア
解説	「これから大変お世話になるかもしれません」は不適当です。初めての相手の場合でも「私，○○株式会社△△部の○○と申します。いつも大変お世話になっております」と挨拶をします。

第3問【ビジネスマナー】

設問1

解答	1．ア　　2．ア　　3．ア　　4．イ　　5．イ
解説	4．クレーム電話の際は，相手が勘違いをしている場合や，こちらの落ち度でないこともあります。しかし，相手に不快感を与えたことに対してはまずは謝罪をして，相手の気持ちを理解するようにします。相手の話を傾聴し，正確な情報を集め，把握したうえで相手が納得できるような具体的な解決策を提示します。 5．自社への道順を尋ねる問い合わせ電話には，いつ来社予定か，誰を訪ねるのか，用件などを確認する必要はありません。相手の現在地と交通手段を確認し，相手の状況に合わせて方向，距離，歩いて何分なのか，全体像，目印，自社建物の外観，特徴などを詳しく説明します。最後に配慮の言葉を伝えます。

設問2

解答	1．ア 2．イ 3．イ 4．イ 5．ア
解説	2．メールで業務連絡をするときは，急ぎでない内容が多いため課員の在席は確認する必要はありません。 3．自社の社名入りのボールペンや会社の備品は，許可なく私的利用は慎みます。 4．仕事を依頼するときは，後輩の不安を取り除くために，説明は省略せず相手が理解できるように伝えます。

設問3

解答	1．イ 2．ア 3．ア 4．イ 5．ア
解説	1．予約時刻を過ぎて来社した客に対して，遅れた理由を聞く必要はありません。すぐに名指し人に取り次ぎます。 4．転勤や年末年始の挨拶は短時間で済むため面談予約がないのが一般的です。名指し人が会議中の場合は，名指し人にメモで知らせ取り次ぎます。

設問4

解答	1．オ（内祝） 2．エ（祈御全快） 3．ウ（志） 4．イ（粗品） 5．ア（金一封）
解説	状況に応じて，その時々の気持ちを相手に伝えるのが贈り物の目的です。上書きは，趣旨や目的，贈るタイミングなど，相手に合わせたものにすることが大切です。

設問5

解答	1．ア（経理部） 2．オ（総務部） 3．イ（企画部） 4．エ（人事部） 5．ウ（営業部）
解説	1．経理部は，企業活動で発生するさまざまなお金の情報を収集し管理します。 2．総務部は，会社全体の業務を円滑に行うための仕事を幅広く担当します。 3．企画部は，市場や競合他社の情報を収集し，各種調査などを行います。 4．人事部は，採用などの人材確保と人材育成，労務管理などを行います。 5．営業部は，顧客が抱える課題解決のために会社の商品やサービスを提案して販売し，直接売り上げと利益に貢献します。

設問6

解答	1．エ（レターファイル） 2．オ（デスクトレイ） 3．イ（キャビネット） 4．ウ（名刺整理簿） 5．ア（名刺整理箱）
解説	日々増える名刺や書類，資料などは，上記の保管用具を使用して効率的に分類・保管します。仕事を円滑に進めていくためには，必要な書類がすぐに取り出せる状態になっていることが重要です。

設問7

解答	1．ア 2．イ 3．ア 4．ア 5．イ
解説	2．全員が顔を見合わせ，適度な距離感で意見交換が行えるレイアウトは口の字型です。 5．会議参加者への緊急の電話は，メモで取り次ぎます。

設問8

解答	エ
解説	料金別納郵便は，損害賠償の対象とはなりません。損害賠償の対象となるのは，一般書留，簡易書留，現金書留です。

設問9

解答	ア
解説	イ．贈り物は正式には手渡しする方が望ましいとされています。贈る場合は，式の一週間くらい前までにカードや手紙を添えて届けます。 ウ．祝儀袋の上書きは「寿」とし，濃い墨で書きます。不祝儀袋の上書きは，薄墨で書きます。 エ．受付では，祝儀袋をふくさから取り出し，渡します。 オ．コートや大きなバッグはクロークに預けます。

第1問【社会常識】

設問1

解答	1．エ（本末転倒）　　　2．イ（空前絶後）　　　3．ウ（言語道断） 4．ウ（大所高所）　　　5．イ（断腸の思い）
解説	1．「我田引水」は，自分だけの都合を考えて物事を進め周囲に配慮しないことで，「枝葉末節」は，本質から外れている些細なこと 2．「絶体絶命」は，逃げることのできない苦境に立たされることで，「天変地異」は，自然界で起こる災害や珍しい現象のこと 3．「奇想天外」は，通常は思いつかないような奇抜な発想や考えのことで，「波乱万丈」は，劇的な変化に富んでいること 4．「大同小異」は，細かな点には差異はあるが大きな差がなく似かよっていることで，「大義名分」は，ある行動の基準となる道理や理由のこと 5．「棚から牡丹餅（ぼたもち）」は，思いがけない幸運が舞い込んで来ることで，「虻蜂取らず（あぶはち）」は，欲を出した結果，両方ともうまくいかないこと

設問2

解答	1．エ（WHO）　　　2．エ（IMF）　　　3．エ（NASA） 4．オ（NPO）　　　5．ウ（NATO）
解説	1．WHO（世界保健機関）は，World Health Organizationの略で，保健衛生の分野を担当する国際機関です。 2．IMF（国際通貨基金）は，International Monetary Fundの略で，国際金融と為替相場の安定化を目的に設立された国連の専門機関です。 3．NASA（アメリカ航空宇宙局）は，National Aeronautics and Space Administrationの略で，アメリカの宇宙開発に関する政府機関です。 4．NPO（非営利組織）は，Non-Profit Organizationの略で，さまざまな社会貢献活動を行いながら，構成員に対し収益を分配することを目的としない団体です。 5．NATO（北大西洋条約機構）は，North Atlantic Treaty Organizationの略で，欧州および北米の30カ国が加盟する政治的・軍事的同盟です。

設問3

解答	1．エ（パリ）　　　2．エ（ウィーン）　　　3．ア（ハノイ） 4．イ（マニラ）　　　5．ア（アテネ）
解説	国際情勢において急激な変化が発生する可能性のある今日，世界の幅広い情報を把握することは非常に重要です。日本との関係性の強弱だけに着目せず，国際的な紛争の頻発による他国間同士の関係性の複雑化が，私たちの日常生活にも影響を及ぼすことがあります。

設問4

解答	1．イ（納期）　　　2．エ（達成可能）　　　3．ウ（業績） 4．オ（組織）　　　5．ア（意義）
解説	目標は，組織や個人が行動を起こす際に設定するゴールや指標として，非常に重要な意味をもちます。明確な目標は，達成しようとする意欲や主体性を発揮するうえでも大きく影響を与えます。仕事を通じて自らの課題を見つけ，成長目標を立てながら取り組む意識や姿勢が求められます。

設問5

解答	1．ウ（法令遵守）　　　　2．ア（性別）　　　3．オ（費用負担） 4．イ（ハラスメント）　　5．エ（判断基準）
解説	企業としての問題意識や危機管理意識が低く，自社都合の判断基準によって経営を行っていると，社会からの信頼を失い，経営自体が難しい状況に発展しかねません。 　企業が社会の一員として存続していくためには，法令遵守（コンプライアンス）の徹底，情報開示（ディスクロージャー）の推進，説明責任（アカウンタビリティー）の強化が非常に重要です。

問6

解答	1．イ　　2．イ　　3．ア　　4．ア　　5．イ
解説	1．ＡＰＥＣ（Asia-Pacific Economic Cooperation）は，アジア太平洋経済協力の欧文略語です。 2．会社経営の効率化のために，業務を外部の専門家に委託することをアウトソーシングといいます。 5．他社の買収の際に，不特定多数の株主から株式を買い集めることをＴＯＢ（Take-Over Bid：公開買い付け）といいます。マネジメント・バイアウトは，経営陣が自社の株式を買い取ることをいいます。

第2問【コミュニケーション】

設問1

解答	1．ウ（代表）　　2．エ（清潔感）　　3．ア（機能的）　　4．オ（調和） 5．イ（控えめ）
解説	身だしなみとは，服装だけでなく言葉遣いや態度も含みます。相手に不快な印象を与えないこと，礼儀作法を守り，身なりを整えることが大切です。身だしなみのポイントは，次のとおりです。 ①　清潔感があること ②　機能的であること ③　控えめであること ④　調和していること

設問2

解答	1．イ　2．イ　3．ア　4．イ　5．ア
解説	1．「お送りして」が謙譲表現で不適当です。「お送りいただけませんでしょうか」「送っていただけますか」が適当です。 2．ここに「掛けて」が不適当です。こちらに「お掛けになってお待ちいただけますでしょうか」が適当です。 4．「おっしゃられた」は「言う」の尊敬語「おっしゃる」と「られる」の二重敬語になっているので不適当です。「おっしゃったことは，確かに承りました」が適当です。

設問3

解答	1．ア（拝啓）　　2．エ（ご隆盛）　　3．オ（平素）　　4．イ（弊社） 5．ウ（賜り）
解説	1．頭語と結語の組み合わせは，「拝啓―敬具」が一般的です。全文を省くときは，「前略―早々」を用います。 2．「ご隆盛」「ご発展」は企業あての文書に用います。個人あては「ご健勝」「ご活躍」を用います。 3．「平素」は日頃はという意味で用います。 4．自分の会社は「弊社」「当社」「小社」，相手の会社は「貴社」を用います。 5．「ご来臨賜りますようお願い申し上げます」は，ご来場いただけますようお願い申し上げますという意味です。

設問4

解答	イ
解説	イ．悪い知らせやマイナス情報ほど早く報告します。 「仕事は指示・命令に始まり報告に終わる」といわれます。報告のポイントは次のとおりです。 ①　仕事が終わったらすみやかに報告する ②　状況に応じて中間報告をする ③　悪い知らせやマイナス情報ほど早く報告する ④　指示・命令を出した本人に報告する ⑤　相手の状況を見て，タイミングを見極める ⑥　簡潔に，「結論→理由→経過」の順に報告する ⑦　事実と意見を区別する ⑧　必要に応じて，メモや文書など資料を添える

設問5

解答	ウ
解説	聞き取りにくい電話のときには「恐れ入りますが，お電話が遠いようですので，もう一度伺ってもよろしいでしょうか」と聞き直します。

設問6

解答	エ
解説	仕事の指示を受けたときには，期限を確認することが大切です。特に上司から指示を受けたときには，急ぐ仕事がない限りすぐに取りかかるようにします。 ア．「忙しかった」と言い訳をするのは適当ではありません。 イ．できているかと尋ねられていますので，「明日取り掛かります」は不適当です。 ウ．「急ぎでしたら，次からはそのようにおっしゃってください」と期限を言わない上司が悪いような言い方は不適当です。 オ．できているかと尋ねられていますので，「急ぎますか」は不適当です。

第3問【ビジネスマナー】

設問1

解答	1．ア　　2．ア　　3．イ　　4．ア　　5．イ
解説	3．社内の人に資料を配付するときは，封筒に入れ「親展」の表示をします。 5．秘文書をコピーするときは，周囲に人がいないときを見計らうようにします。

設問2

解答	1．ア　　2．イ　　3．イ　　4．ア　　5．ア
解説	2．名刺交換は，基本的には下位者にあたる訪問者側から上位者にあたる応対者側に名刺を差し出します。また，こちらや相手が複数人いるときは，地位の高い上位者から先に名刺交換をします。 3．名刺交換は，基本的に，起立した状態で行います。

設問3

解答	1．イ　　2．ア　　3．ア　　4．イ　　5．イ
解説	1．内線電話と外線電話の両方が鳴っているときは，外線電話を優先して取ります。 4．名指し人に取り次ぐときは，いったん電話を保留にして，名指し人には相手の名前を伝えます。 5．名指し人が会議中のときは，電話を取り次がないのが原則ですが，相手によって急用の用件であるときは，メモで知らせ指示を仰ぎます。

設問4

解答	1．ア（捺印）　　2．ウ（認印）　　3．エ（契印）　　4．イ（実印） 5．オ（消印）
解説	これまでは，印は日本の企業において独自文化として定着していました。しかし，テレワークの推進，ペーパーレス化など新しい働き方が広まる中で，契約における押印の見直しや，押印の代替手段として電子署名の使用が広がってきています。

設問5

解答	1．エ（定足数）　　2．オ（動議）　　3．イ（諮問） 4．ア（キャスティング・ボート）　　5．ウ（採決）
解説	ビジネス社会において，会議は意思決定を行う重要な場です。会議で使われる用語だけでなく，準備から終わりまでの一連の流れ，会議へ参加する際の留意点なども押さえておきましょう。

設問6

解答	1．ウ（奥付）　　2．エ（パンフレット）　　3．オ（紀要） 4．ア（既刊）　　5．イ（機関紙）
解説	カタログ・雑誌・新聞は大切な情報源となります。この他，以下の用語も合わせて覚えましょう。 全国紙・・・日本全国にわたって普及している新聞のこと。通常は，「朝日新聞」「毎日新聞」 　　　　　　「読売新聞」「日本経済新聞」「産経新聞」の5紙をいう 地方紙・・・全国紙に対して特定の地方だけに配付している新聞をいう タブロイド紙・・・普通紙の半分の大きさの新聞 隔月刊・・・バイマンスリーともいわれ，1カ月おきに発行されるもの

設問7

解答	1．イ　　2．ア　　3．ア　　4．ア　　5．イ
解説	1．「行」は二重線で消し，横に「様」と書きます。団体に送るときは，「御中」と書きます。 5．「御芳名」は，「御芳」を二重線で消します。

設問8

解答	イ
解説	ポストに投函して送ることができるのは，普通郵便，レターパック，ゆうメールなどです。速達で送ることもできます。その他は，郵便局で手続きをして送ります。

設問9

解答	オ
解説	食事が終わったら，ナイフとフォークは皿の右側に揃えておきます。食事中は，皿の左右にハの字形になるように置きます。

第1問【社会常識】

設問1

解答	1．イ（群雄割拠）　　2．ア（馬耳東風）　　3．エ（不可抗力） 4．ウ（旧態依然）　　5．ア（立て板に水）
解説	1．「一触即発」は，何か少しのきっかけで危険な状態になりそうなことで，「呉越同舟」は，敵と味方が同一の困難に対して協力をすること 2．「半信半疑」は，信じる気持ちと疑う気持ちが半々で迷っていることで，「時期尚早」は，あることに着手するには時期がまだ早く機が熟していないこと 3．「他力本願」は，自分の力ではなく他人の力によって望みをかなえようとすることで，「不言実行」は，やるべきことを黙って実行すること 4．「朝令暮改」は，命令や指示が頻繁に変更や修正されることで，「温故知新」は，古い過去のことからも良く学び新しい考えや価値を見出すこと 5．「背水の陣」は，後がないという決死の覚悟で物事にあたることで，「鶴の一声」は，議論がまとまらない時などに発せられる決定権者による一言のこと

設問2

解答	1．イ（APEC）　　2．エ（POS）　　3．オ（WTO） 4．オ（JIS）　　5．ウ（NGO）
解説	1．APEC（アジア太平洋経済協力）は，Asia-Pacific Economic Cooperationの略で，アジア太平洋地域の経済協力の枠済みで，現在21の国と地域が加盟しています。 2．POS（販売時点情報管理）は，Point Of Salesの略で，すべての売上実績を販売が発生した時点で個別に収集・管理するシステムのことです。 3．WTO（世界貿易機関）は，World Trade Organizationの略で，自由貿易の促進を目的として設立された国際機関です。 4．JIS（日本工業規格）は，Japanese Industrial Standardsの略で，日本の工業製品に関する規格や測定法などを定めた国家規格です。(2022年現在，法改正により日本産業規格と改称) 5．NGO（非政府組織）は，Non-Governmental Organizationの略で，貧困・飢餓や戦争，災害など世界で起こっているさまざまな課題に，政府や国際機関とは異なる民間の立場から，利益を目的とせず取り組む民間団体です。

設問3

解答	1．ウ（プノンペン）　　2．イ（リスボン）　　3．オ（ヘルシンキ） 4．オ（ニューデリー）　　5．ア（プレトリア）
解説	私たちは，日常生活であらゆる領域の海外の情報に毎日接しています。先進国のみならず新興国や発展途上国，さらには後進国に関する基本的な情報も重要です。社会人として，国の位置や首都名などを把握しておくことは，国際化がさらに進む現代において欠かせません。

設問4

解答	1．エ（法人）　　　2．オ（地方自治体）　　　3．イ（増税） 4．ア（減税）　　　5．ウ（控除）
解説	社会では，公共サービスの充実のために日常生活のあらゆる場面で税金が徴収される仕組みができています。景気の調整機能も有している税金は，納める先によって国税と地方税に，納め方によって直接税と間接税に，使途によって普通税と目的税とに分類することができます。税金に関する正しい知識を持ち，適切に納税することは，社会人としての責任でもあります。

設問5

解答	1．ウ（育成）　　　2．エ（フォロワーシップ）　　　3．ア（チャレンジ意欲） 4．オ（主体性）　　　5．イ（協働意識）
解説	組織やチームにおいては，目標とする成果に向かって牽引していくリーダーシップとそれを支えるフォロワーシップとが，相乗効果を発揮している状態を作り出すことが大切です。リーダーにとって，部下やメンバーから信頼されることが，リーダーシップを発揮する大前提となります。同時にメンバーは，リーダーからの指示に従うだけではなく，自ら考えて周囲と協働しながら組織の目標達成に貢献しようと取り組んでいくフォロワーシップを発揮させなければなりません。

設問6

解答	1．ア　　2．ア　　3．イ　　4．イ　　5．イ
解説	3．企業内教育において，実際に業務に取り組みながら育成を図る手法はＯＪＴ（On-the-Job Training：職場内教育訓練）といいます。 4．日本的雇用制度の特徴である終身雇用や年功序列型賃金制度は，今日では，成果主義へシフトする企業も増え，見直されています。 5．ＢＲＩＣＳのＩは，インドを指しています。

第2問【コミュニケーション】

設問1

解答	1．イ（人間関係）　　　2．ア（身だしなみ）　　　3．エ（話し方） 4．ウ（笑顔）　　　5．オ（相手目線）
解説	社外の人とのコミュニケーションでは，自分が会社の代表であるということを自覚して対応することが大切です。お客さまの立場に立って，お客さまに信頼される接遇を実践しましょう。

設問2

解答	1．イ　　2．イ　　3．ア　　4．ア　5．イ
解説	1．社外の人と話すときは，社内の人は身内として扱います。「お聞きになります」は「聞く」の尊敬表現となるため，社内の人に使うのは不適切です。「聞く」の謙譲語で「お聞きいたします」「伺います」「承ります」が適当です。 2．「ご拝見する」が不適当です。「拝見する」は謙譲語となるため，「ご覧になる」尊敬語の「ご覧ください」が適当です。 5．「承りました」は「聞く」の尊敬語「承る」となるため，自分の身内（上司）に尊敬語を使うのは不適当です。「申し付かりました」が適当です。

設問3

解答	1．ア　　2．イ　　3．イ　　4．ア　5．イ
解説	2．「麦秋の候」は6月の時候の挨拶です。9月の時候の挨拶は「初秋の候」「秋涼の候」などです。 3．「ご健勝」が不適当です。貴社（会社あて）のときは，「ご発展」「ご隆盛」などを用います。 5．一般的に挨拶状では，前文を省略しません。1月に送る挨拶状では「厳寒の候」の他に「新春の候」「大寒の候」などを用います。

設問4

解答	ウ
解説	パーティーの案内状は，開催日時，会場名と住所と地図，駐車場の有無，出欠の方法と連絡先などを記載します。

設問5

解答	エ
解説	メールの宛先を公にしないで送りたいときは，CCではなくBCCに相手のメールアドレスを入力します。CCは，メールの内容を参考までに知らせたい相手のアドレスを入力します。送信先がすべて明記されるため，誰に送ったかが分かります。BCCは，複数の人にメールを送る際に使用します。宛先やCCに指定した人には知られません。複数の人に同じメールを送る際に使用します。

設問6

解答	エ
解説	「役不足」とは，その人の実力に対して，役目が不相応に軽いという意味なので不適当です。

第3問【ビジネスマナー】

設問1

解答	1．ア　　2．イ　　3．イ　　4．ア　　5．イ
解説	2．応接室に案内された際は，かばんなどは椅子の足元に置きます。待機中は，出入口に近い下座に座るのが一般的ですが，案内人に上座を勧められた場合は上座に座っても構いません。 3．待機中は，すぐに書類を取り出せるように準備をしておきますが，相手が入室するまで机の上に書類や筆記用具は出しません。 5．初めて訪問する会社では，受付で名刺を出すことがあります。基本的に，受付で名刺を渡しても，面談者と初対面のときには名刺交換を行います。この際，訪問者側から先に名刺を差し出します。

設問2

解答	1．イ　　2．イ　　3．ア　　4．ア　　5．ア
解説	1．担当者が外出中のときは，外出中であることと，戻る時間を伝えます。電話の相手には行き先を明かしません。 2．担当者がトイレや隣の課に行っているなど一時的に席にいないときは，席をはずしていることを伝えます。席をはずしている理由を伝える必要はありません。

設問3

解答	1．イ　　2．ア　　3．ア　　4．イ　　5．ア
解説	1．新人の席は，一般的に，来客の応対がしやすい出入口付近がよいとされています。 4．事務用品のカタログは，古いものは必要ないため年度ごとに並べる必要はなく，最新版のものだけ置くようにします。

設問4

解答	1．イ（普通郵便）　　　　2．ウ（簡易書留）　　　　3．オ（配達日指定郵便） 4．ア（ゆうパック）　　　5．エ（ゆうメール）
解説	さまざまな郵便の特徴について学び，適切な使い分けができるようにしましょう。 4．ゆうパックは，重さや大きさが通常郵便を超えるときに利用します。添え状も同封できます。 5．ゆうメールは，中身が分かるよう袋の一部を開くか無色透明部分がある包装をします。信書は送付できません。

設問5

解答	1．ア（社屋落成）　　2．エ（仏滅）　　3．イ（友引）　　4．ウ（金婚式） 5．オ（賀寿）
解説	六曜とは，日本の暦注の一つで先勝・友引・先負・仏滅・大安・赤口の6種あります。「仏滅」は，縁起の悪い日とされ，お祝い事などは避けた方がよいとされています。「友引」は，友を引くとのことから葬儀は行わないとされています。

設問6

解答	1．オ（パネルディスカッション）　　2．ア（シンポジウム） 3．ウ（ブレーンストーミング）　　4．エ（円卓会議） 5．イ（バズセッション）
解説	日本のビジネス社会において，会議が果たす役割は大きいです。さまざまな会議の種類・形式・用語についても理解を深めましょう。 　この他に，公開討論会の一つであるフォーラムも覚えておきましょう。参加者の自由な討論を基本とし，参加者全員で質疑応答をする形式です。

設問7

解答	1．ア　　2．ア　　3．イ　　4．イ　　5．イ
解説	3．未発表の新製品の情報は，漏らしてはいけない会社の重要な機密情報です。 4．会社のホームページに公表されている情報は，誰もが知ることのできる情報です。 5．「内辞」とは，正式な辞令が出る前に内々に辞令の内容を伝えることをいいます。取引先に伝えるのは，正式な辞令が出るまで控えます。

設問8

解答	イ
解説	記事の余白に，新聞名，発行年月日，朝夕刊の別などを記入します。自分の名前は不要です。

設問9

解答	ア
解説	結婚祝いの祝儀袋は，結び切りです。上書きは，「寿」が一般的ですが，「祝御結婚」「御祝」など使うこともあります。また，連名で出す場合は，右側が上位者となり，品川・大塚・上野の順となります。受取人の名前を入れるときは，左上に名前を書きます。このとき連名で出す場合は，左側が上位者となります。

第1問【社会常識】

設問1

解答	1．ウ（美辞麗句）　　　　2．ウ（支離滅裂）　　　　3．イ（杓子定規） 4．ウ（大義名分）　　　　5．イ（一日千秋）
解説	1．「異口同音」は，多くの人が同じことを口をそろえて言うことで，「破顔一笑」は，顔をほころばせて笑みを浮かべること 2．「悪戦苦闘」は，困難な状況下でも苦しみながら必死に努力することで，「本末転倒」は，大切な根幹とそうではないことの優先順位を取り違えること 3．「意味深長」は，表面上だけではなく深い意味が含まれていることで，「沈思黙考」は，静かにじっくりと考えること 4．「温故知新」は，古い過去のことからもよく学び新しい考えや価値を見出すことで，「率先垂範」は，人の先に立って模範となる行動をすること 5．「混然一体」は，異質なものが溶け合い見分けがつかない状態のことで，「千載一遇」は，もう二度とやってこないような絶好の機会のこと

設問2

解答	1．ア（ＡＩ）　　　2．イ（ＩＡＥＡ）　　　3．エ（ＣＯＯ）　　　4．ウ（ＰＲ） 5．イ（ＭＢＡ）
解説	1．ＡＩ（人工知能）は，Artificial Intelligenceの略称です。 2．ＩＡＥＡ（国際原子力機関）は，International Atomic Energy Agencyの略称です。 3．ＣＯＯ（最高執行責任者）は，Chief Operating Officerの略称です。 4．ＰＲ（広報／宣伝）は，Public Relationsの略称です。 5．ＭＢＡ（経営学修士）は，Master of Business Administrationの略称です。

設問3

解答	1．オ（ブエノスアイレス）　　　2．ウ（ワルシャワ）　　　3．エ（北京） 4．エ（アブダビ）　　　　5．オ（カイロ）
解説	国際上のさまざまな問題が発生する現代において，先進国のみならず新興国や発展途上国さらには後進国に関する基本的な情報は，社会人としての常識です。さらに，私たちの日常生活にも直接的，間接的に影響を及ぼす国際情勢に関するニュースなどを見聞きし，知識を拡充していきましょう。

設問4

解答	1．エ（ＣＳＲ）　　　　　　　2．ア（コンプライアンス） 3．イ（ディスクロージャー）　　　4．オ（アカウンタビリティー） 5．ウ（ＣＳＶ）
解説	ＣＳＲ（企業の社会的責任）を果たすためには，コンプライアンス（法令順守），ディスクロージャー（情報開示），アカウンタビリティー（説明責任）の三つの大きな柱が存在します。企業は，これらの責任をしっかりと果たすことによって，社会から信頼を獲得し，社会の一員として存続が認められます。

設問5

解答	1．ウ（法人）　　　　2．ア（地方税）　　　　3．エ（目的税）　　　　4．オ（所得税） 5．イ（自動車取得税）
解説	モノやサービスを購入した際に支払う消費税，給与に応じて支払う所得税などの税金は，私たちの生活に密着しています。税金は，公共サービスの充実を実現させるための国の原資であり，納め先によって国税と地方税に，納め方によって直接税と間接税に，使途が特定されているかどうかによって普通税と目的税とに分類されています。

設問6

解答	1．ア　　2．イ　　3．イ　　4．ア　　5．イ
解説	2．フォロワーシップは，組織内のリーダーを部下やメンバーという立場で補佐し，組織・チームを支えることです。 3．社債は，企業が資金調達を目的として発行する債券です。 5．自然エネルギーは，太陽光発電や風力発電などの再生可能なエネルギーの総称です。

第2問【コミュニケーション】

設問1

解答	1．イ（行動）　　　　2．ウ（不安）　　　　3．ア（繰り返し）　　　　4．エ（依頼） 5．オ（意欲）
解説	相手を説得するには，次のことがポイントです。 ①　相手の不安（心理的・時間的な労力，デメリットなど）を取り除くようにします。 ②　タイミングよく，相手に会うチャンスをつくるようにします。 ③　相手が納得するまで繰り返し説得するようにします。 ④　代理の人に依頼することもよいです。 ⑤　相手に断られそうな場合は，先手を打つようにします。

設問2

解答	1．イ　　2．ア　　3．ア　　4．イ　　5．ア
解説	1．「伺ってください」が不適切です。「お尋ねください」が適当です。 4．「大塚部長」と「いらっしゃいます」が不適当です。「大塚」または「部長の大塚」，「まいります」か適当です。社外の人に対しては，自分の上司には尊敬語は使わずに謙譲語を使います。

設問3

解答	1．ア　　2．イ　　3．イ　　4．ア　　5．イ
解説	2．すべての社交文書に標題を入れるとは限りません。 3．懇意の取引先であっても，社外文書では適切な頭語と結語を使用します。 5．「麦秋の候」が不適当です。「麦秋の候」は6月の時候の挨拶です。9月の時候の挨拶は「初秋の候」「秋涼の候」などを使用します。

設問4

解答	エ
解説	苦情を受ける際に注意する点は，次のとおりです。 ① 相手の苦情の内容について，誠意を持って最後まで聞くようにします。 ② 言い訳や弁解ではなく，こちらの事情を冷静に伝えるようにします。 ③ お互いの立場や状況を理解しあい，相手に納得をしてもらえるようにします。

設問5

解答	エ
解説	「正確にメモをとることができたか」また「間違えなくお伝えください」という言い回しは相手に対して失礼です。

設問6

解答	エ
解説	ア．「お気を付けなさって」は不適当です。「お気を付けて」が適当です。 イ．「大塚課長」「申し上げるように」は不適当です。「大塚」または「課長の大塚」「申し伝えるよう」が適当です。 ウ．「結構でしょうか」は不適当です。「こちらのお荷物でしょうか」「こちらのお荷物でお間違えありませんか」が適当です。 オ．「申されても，できかねますが」は不適当です。「おっしゃいましても，いたしかねます」が適当です。

第3問【ビジネスマナー】

設問1

解答	1．ア　2．イ　3．ア　4．イ　5．イ
解説	2．始業終業直後，週の初めと終わり，月末など，一般的に慌ただしいと思われる時間帯は避けたほうがよいでしょう。 4．間違い電話を掛けたときは，一方的に切るのは失礼となります。まずは，間違えたことを謝罪し，再度の掛け間違いを防ぐために相手先や電話番号を確認します。 5．基本的には電話を掛けた側から先に切りますが，電話を受けた相手がお客様や上位者の場合には相手が切った後に切ります。

設問2

解答	1．ア　2．ア　3．イ　4．イ　5．イ
解説	3．上司と一緒のときは，上司の後に名刺交換を行うようにします。 4．名刺には会社名や氏名が書かれていますが，相手を見ながら会社名，氏名を名乗ります。 5．受け取った名刺は，すぐに片付けると失礼となります。面談が終わるまでテーブルの上に置いておきます。

設問3

解答	1．ア　2．ア　3．イ　4．ア　5．イ
解説	3．一般的に，オンライン会議ではマイク機能はハウリングなどを防ぐため通常はオフにしておき，発言するときにオンにします。 5．オンラインの画面上では，通信速度が異なるため，対面の場合より少しゆっくりと話すとよいでしょう。

設問4

解答	1．オ（99歳）　　　2．ウ（77歳）　　　3．ア（満60歳）　　　4．イ（70歳） 5．エ（88歳）
解説	賀寿は，節目の年齢に長寿を祝う行事です。その人の長寿を祝福してさらに元気でいてほしいという願いを込めて祝います。 ・還暦（満60歳）・・・干支が戻って生まれたときに戻るという意味。 ・古希（70歳）・・・唐の詩人杜甫の「人生七十古来稀なり」からきています。 ・喜寿（77歳）・・・七を三つ組み合わせた形が「喜」の字になるためです。 ・傘寿（80歳）・・・八と十を組み合わせた形が「傘」の字になるためです。 ・米寿（88歳）・・・八と十と八を組み合わせた形が「米」の字になるためです。 ・卒寿（90歳）・・・九と十を組み合わせた形が略字「卆」が「九十」に分解できるためです。 ・白寿（99歳）・・・百から一を引いた形が「白」になるためです。

設問5

解答	1．ウ（季刊）　　　2．エ（隔月刊）　　　3．イ（月刊）　　　4．オ（旬刊） 5．ア（既刊）
解説	カタログ・雑誌・新聞は大切な情報源となります。この他，以下の用語も合わせて覚えましょう。 ・全国紙・・・日本全国にわたって普及している新聞のこと。通常は，「朝日新聞」「毎日新聞」「読売新聞」「日本経済新聞」「産経新聞」の5紙をいう。 ・地方紙・・・全国紙に対して特定の地方だけに配付している新聞をいう。 ・タブロイド紙・・・普通紙の半分の大きさの新聞。 ・増刊・・・決まっている刊行する時期・号以外に刊行すること。またはその号。

設問6

解答	1．イ（迷い箸）　　　2．オ（探り箸）　　　3．エ（ねぶり箸）　　　4．ア（涙箸） 5．ウ（渡し箸）
解説	日本食は「箸づかいに始まり，箸づかいに終わる」といわれています。箸を正しく使うことが美しい所作につながります。日常の食事から意識しましょう。

設問7

解答	1．イ　2．イ　3．ア　4．ア　5．ア
解説	1．A4サイズの書類は折らずに定形外封筒に入れる，あるいは三つ折りにして定形封筒に入れて送るのが一般的です。 2．機密文書を送るときは，封筒に「親展」と表記し，簡易書留で送ります。

設問8

解答	ア
解説	体調不良などでやむを得ず休みを取るときは，できるだけ早く電話で連絡をします。同僚に伝言をお願いするのではなく直接上司へ伝えます。

設問9

解答	ウ
解説	取引先の部長が転勤すると聞いて確認する理由は，今後の自社の取り引きに関わるためです。取引先の部長の転勤日，転勤先，後任者名，後任者の着任日などは，確認後，関係者に共有します。なぜ転勤するのかなどは個人的なことですので詮索しません。

第1問【社会常識】

設問1

解答	1．イ（一念発起） 　　　 2．ア（我田引水） 　　　 3．エ（五里霧中） 4．イ（縦横無尽） 　　　 5．ア（怪我の功名）
解説	1．「一心不乱」は，物事に集中して他のことによって心が乱れないことで，「不言実行」は，やるべきことを黙って実行すること 2．「自画自賛」は，自分で自分のことをほめることで，「自業自得」は，自分が行ったことの報いを自分が受けること 3．「風光明媚」は，自然の景色が大変美しいことで，「紆余曲折」は，物事の事情が複雑に込み入って変化すること 4．「大同小異」は，細かな点には差異があるが，大きな差がなく似かよっていることで，「自然淘汰」は，環境変化に適応したものが生き残り，それ以外は滅びるということ 5．「背水の陣」は，後がないという決死の覚悟で物事にあたることで，「立て板に水」は，流暢に話をする，弁舌によどみがないこと

設問2

解答	1．エ（OECD） 　　　 2．ウ（OPEC） 　　　 3．オ（UNICEF） 4．ウ（LED） 　　　 5．ウ（CPA）
解説	1．OECD（経済協力開発機構）は，Organization for Economic Co-operation and Developmentの略称です。 2．OPEC（石油輸出国機構）は，Organization of Petroleum Exporting Countriesの略称です。 3．UNICEF（国際連合児童基金）は，United Nations Children's Fundの略称です。 4．LED（発光ダイオード）は，Light Emitting Diodeの略称です。 5．CPA（公認会計士）は，Certified Public Accountantの略称です。

設問3

解答	1．ア（オタワ） 　　　 2．ア（アンカラ） 　　　 3．オ（プラハ） 4．イ（ベルリン） 　　　 5．イ（ナイロビ）
解説	国際的な紛争の頻発による他国間同士の関係性の複雑化が，私たちの日常生活にも影響を及ぼすことがあります。国際情勢において急激な変化が発生する可能性のある今日，世界の幅広い情報を把握することは非常に重要です。

設問4

解答	1．エ（内閣府） 　　　 2．ウ（国土交通省） 　　　 3．イ（経済産業省） 4．オ（総務省） 　　　 5．ア（財務省）
解説	各中央省庁は，領域や分野ごとに管轄が分かれ，それぞれが行政機能をはたしています。他の管轄も含め自国の行政に関する知識も社会人としての常識です。

設問5

解答	1．イ（国民年金保険）　　　2．エ（厚生年金保険）　　　3．ア（雇用保険） 4．オ（労災保険）　　　5．ウ（損害保険）
解説	社会保障制度の中でも中心的な役割を果たしているのが，厚生労働省の管轄である社会保険制度です。 　病気や失業，老後の生活などさまざまな不安やリスクに対応している社会保険制度は，各種保険と年金を中心に機能していますが，少子高齢社会の加速に伴い，介護事業従事者の不足や年金支給体制維持への不安などが大きな課題となっています。

問6

解答	1．ア　　2．イ　　3．イ　　4．イ　　5．ア
解説	2．主要国首脳会議（G7：Group of Seven）は，中国ではなくカナダがメンバーです。 3．日本経済団体連合は，経済団体連合会（経団連）と日本経営者団体連盟（日経連）が合併して設立された大手企業を中心とする経済団体です。 4．企業と政府間の取引はBtoG（Business-to-Government）で，BtoC（Business-to-Consumer）は企業と消費者間の取引の略称です。

第2問【コミュニケーション】

設問1

解答	1．エ（理解）　　　2．ア（予告）　　　3．オ（専門用語）　　　4．ウ（繰り返し） 5．イ（質問）
解説	説明の仕方のポイントは，次のとおりです。 ・説明する内容を十分理解してから話す。 ・分かりやすい言葉で順序よく話す。 ・相手と共通の意味にとれる言葉で話す。専門用語・カタカナ語・外国語などは相手に合わせて使う。 ・内容を予告してから話す。 ・重要なことや複雑なことは，要点を繰り返し話す。 ・不明な点の質問を受ける，こちらから質問してみるなどで，説明不足を補う。

設問2

解答	1．イ　　2．ア　　3．イ　　4．ア　　5．ア
解説	1．「お名前を頂戴できますでしょうか」が不適当です。「お名前を伺ってもよろしいでしょうか」「お名前をお聞かせいただけますでしょうか」が適当です。 3．「お座りになって」が不適当です。「お掛けになって」が適当です。

設問3

解答	1．ア　　2．イ　　3．イ　　4．ア　　5．イ
解説	2．「ご恵贈承り」が不適当です。「ご恵贈賜り」が適当です。 3．「ご拝受」が不適当です。「ご査収」が適当です。 5．「ご拝顔」が不適当です。「ご引見」か適当です。「拝顔」は「人に会う」ことの謙譲語です。

設問4

解答	イ
解説	「親族」が不適当です。脇付けは，次のとおりです。 ・宛名本人にのみ開封してほしい場合は，「親展」 ・届いたらすぐに開封してほしい場合は，「至急」 ・重要文書として扱ってほしい場合は，「重要」 ・同封物がある場合は，内容を示す「○○在中」

設問5

解答	オ
解説	出張中の上司から電話があった場合は，急ぎ伝える必要があるものを伝えます。「再来月の新製品発表会に出席する」という予定は，急ぎの案件ではないので出張から戻ってから伝えればよいことです。

設問6

解答	ウ
解説	ア．「どちら様でございますか」が不適当です。「どちら様でいらっしゃいますか」が適当です。 イ．「課長の大塚様がお戻りになられましたら」が不適当です。「課長の大塚様がお戻りになりましたら」が適当です。 エ．「帰社予定は何時だったでしょうか」が不適当です。「帰社予定は何時でしょうか」が適当です。 オ．「よく聞こえませんので」が不適当です。「お電話が遠いようですので」が適当です。

第3問【ビジネスマナー】

設問1

解答	1．ア　2．イ　3．ア　4．イ　5．ア
解説	2．業務中は私語を慎みます。給湯室や手洗いでの長話は控えましょう。 4．所属部署の事務所室に入るときは，ノックは不要です。応接室・会議室・個室に入るときは基本的にノックを3回します。

設問2

解答	1．イ　2．イ　3．ア　4．ア　5．イ
解説	1．秘文書は，業務を担当する社員間で共有すべき文書類は私物化せず，関係者にはどこにあるかが分かるようにします。保管は，必要なときにすぐに取り出せるように鍵のかかるキャビネットにします。 2．コピーするときは，コピー機の周囲に人がいない時を見計らい行います。 5．社外秘とは，会社以外の人には流失してはいけない情報を表します。社員から貸し出しを依頼されたときは，取り扱いを注意するように伝えて渡すようにします。

設問3

解答	1．イ　　2．イ　　3．ア　　4．ア　　5．ア
解説	1．部署内で共有する予定表は，業務に関係する公的な予定を記載します。 2．スケジュールは，調整が必要になることもあるので予定や見込みも含めて記載するようにします。

設問4

解答	1．ア（招集）　　　　　　　2．エ（議案）　　　　　3．イ（定足数） 4．オ（一事不再議の原則）　　5．ウ（キャスティング・ボート）
解説	会議は，ビジネス社会において意思決定を行う重要な場です。会議で使われる用語を覚えておきましょう。解答の他にも次の用語があります。 ・動議・・・予定された議案以外に，議題を口頭で提出すること。 ・採決・・・挙手，起立，投票などの方法で議案の可否を決めること。 ・提案・・・議案を提示し結論を求めること。 ・諮問・・・組織の上位者が，下位者に特定の問題について意見を求めること。 ・答申・・・諮問に対して答えること。

設問5

解答	1．エ（訃報）　　　2．ア（焼香）　　　3．オ（献花）　　　4．ウ（密葬） 5．イ（法事）
解説	人が亡くなったという知らせ，いわゆる訃報は突然受けるものですが，迅速な対応と細やかな配慮が必要です。この他，次の用語も合わせて覚えておきましょう。 ・供物・・・故人をしのび神仏に供えるもののこと。 ・供花・・・故人をしのび神仏に供える花のこと。 ・弔電・・・お悔やみの気持ちを伝える電報のこと。 ・弔問・・・お悔やみを述べるために訪問すること。 ・社葬・・・会社が運営主体となって執り行う葬儀のこと。 ・喪章・・・葬式の担当者が身に付けるもの。

設問6

解答	1．オ（ゆうメール）　　2．ア（普通郵便）　　　3．イ（現金書留） 4．エ（簡易書留）　　　5．ウ（ゆうパック）
解説	文書類の代表的な発送方法はビジネスでもよく使われます。それぞれの特徴について学び，適切な使い分けができるようにしましょう。

設問7

解答	1．ア　　2．イ　　3．ア　　4．イ　　5．ア
解説	2．昼食を挟んだ会議のときは，あらかじめ参加者に伝えておけばあえて必要かどうかを聞く必要はありません。 4．お弁当は左側に供し，右側にお吸い物とお茶を並べます。箸は弁当の手前に置きます。

設問8

解答	オ
解説	社用の携帯電話であれば勤務中は，社内外に関わらず電源を入れておきます。

設問9

解答	イ
解説	来客が二人いるときは，上座であるAとBの席を勧めるようにします。Cの席は，自社側の席です。

第1問【社会常識】

設問1

解答	1．エ（単刀直入）　　　2．イ（意味深長）　　　3．イ（自然淘汰） 4．ア（意気消沈）　　　5．イ（河童の川流れ）
解説	1．「一刀両断」は，ためらいや迷いを捨てて思い切って物事を決断することで，「急転直下」は，事態や情勢が急に変化して解決に向かうこと 2．「一往深情」は，一途で情に厚いことや感情を抑えられないくらいに深く感動することで，「意志薄弱」は，意志が弱くて決断することができないことや物事を我慢する気持ちの弱いこと 3．「五里霧中」は，手掛かりがなく方向性を打ち出せない状態のことで，「枝葉末節」は，本質からはずれている些細なこと 4．「孤立無援」は，周囲に頼るものがおらず助けもないことで，「取捨選択」は，しっかりと見極めて必要なものや大切なものを選んで取ること 5．「虻蜂取らず」は，欲を出した結果，両方ともうまくいかないことで，「食指が動く」は，欲求が湧き出したり行動したくなったりすること

設問2

解答	1．エ（IR）　　　2．エ（OEM）　　　3．ア（MR） 4．オ（LCC）　　　5．イ（ILO）
解説	1．IR（投資家向け広報）は，Investor Relationsの略称です。 2．OEM（相手先ブランド製造）は，Original Equipment Manufacturingの略称です。 3．MR（医療情報担当者）は，Medical Representativeの略称です。 4．LCC（格安航空会社）は，Low Cost Carrierの略称です。 5．ILO（国際労働機関）は，International Labour Organizationの略称です。

設問3

解答	1．ウ（ロンドン）　　　2．エ（ダブリン）　　　3．オ（ウランバートル） 4．オ（ストックホルム）　　　5．イ（カブール）
解説	私たちは，日常生活であらゆる領域の海外の情報に毎日接しています。にもかかわらず，一般的な知名度の影響からかアメリカの首都はニューヨークと誤った知識を持っているケースも見られます。正しくは，ワシントンDCです。国名と首都名を正しく理解しておくことは，社会人としての常識となっています。

設問4

解答	1．ウ（環境変化）　　　2．イ（好奇心）　　　3．エ（持続性） 4．オ（柔軟性）　　　5．ア（チャレンジ）
解説	キャリア形成に向けて，与えられた教育や研修の機会を活用するだけでなく，自らセミナーや講習会に参加するなどの主体的行動は重要な取り組みです。そのような行動が，予期せぬ偶発的なキャリア形成の機会を増やすことにもつながります。

設問5

解答	1．ウ（納期）　　　　2．イ（具体的）　　　　3．エ（達成可能）　　　　4．オ（組織） 5．ア（意義）
解説	明確な目標は，達成しようとする意欲や主体性を発揮するうえでも大きく影響を与えます。仕事を通じて自らの課題を見つけ，成長目標を立てながら取り組む意識や姿勢は，年代を問わず常に求められています。

設問6

解答	1．ア　　2．イ　　3．イ　　4．イ　　5．ア
解説	2．労働者が失業によって収入を得ることができない状況に陥った場合，再就職までの生活維持のために，雇用保険から失業給付金が支給されます。 3．介護保険制度は，40歳以上の人に納付義務がある強制保険です。 4．公務員や私立学校教職員とその被扶養者が加入する公的社会保険は，共済組合です。

第2問【コミュニケーション】

設問1

解答	1．イ（礼儀正しい）　　　　2．ア（一員）　　　　3．ウ（内部情報）　　　　4．オ（人脈） 5．エ（報告）
解説	社外の人と良い人間関係，信頼関係を築くことで，さらにビジネスチャンスが広がります。社外交流のエチケットをよく理解して行動するようにしましょう。

設問2

解答	1．ア　　2．ア　　3．イ　　4．ア　　5．イ
解説	3．「ご拝見ください」が不適当です。「ご覧ください」が適当です。「拝見する」は謙譲語なので，尊敬語の「ご覧になる」を使います。 5．「ご参加なされますか」が不適当です。「ご参加になる」「参加なさる」が適当です。

設問3

解答	1．イ　　2．オ　　3．ア　　4．エ　　5．ウ
解説	他の時候の挨拶も覚えましょう。 　　1月　新春の候／大寒の候／初春の候 　　2月　余寒の候／立春の候／晩冬の候 　　3月　早春の候／春寒の候／浅春の候 　　4月　陽春の候／桜花の候／春暖の候 　　7月　盛夏の候／酷暑の候／炎暑の候 　　8月　残暑の候／晩夏の候／処暑の候 　　12月　初冬の候／師走の候／歳末の候

設問4

解答	ア
解説	ビジネスメールでは，用件が分かりやすい件名にします。 例）用件が分かりにくい件名「お疲れ様です」「こんにちは，営業部の○○です」 例）用件が分かりやすい件名「新製品説明会概要のご報告」 　ビジネスメールは，用件を簡潔に伝える書き方と相手への配慮が求められます。 　相手に用件が確実に伝わり，相手が読みやすいメールにするための注意点を理解しましょう。

設問5

解答	ウ
解説	「お伝え申します」は不適当です。「申し伝えます」が適当です。来客に対しては，正しい言葉遣いをするように心がけましょう。 　社外の人（お客様）とコミュニケーションをとるときには，社外の人のことは尊敬語，社内の人は上司も含めて謙譲語を使用します。

設問6

解答	ウ
解説	「この書物は高価ですが，とても分かりやすいです」と，後半に肯定的な表現をするほうがよい印象を与えます。 　日頃の言葉遣いをプラスの言葉に変えることで，周囲との関係性も良くなるでしょう。 　次の点に気を付けましょう。 ①　マイナスワードをプラスに変換する 　「あと1時間しかありません」　→　「まだ1時間もあります」 ②　終わりはプラスの言葉にする 　「向かっていますが，遅れます」　→　「遅れますが，向かっています」 ③　相手への配慮を付け加える 　「また声をかけてください」　→　「また声をかけますね」 ④　ネガティブな気持ちをプラスで表現 　「まだたくさんやることがある」　→　「これだけだから，頑張ろう」

第3問【ビジネスマナー】

設問1

解答	1．ア　2．イ　3．イ　4．ア　5．ア
解説	2．階段では，案内者は壁側を，来客は手すり側を歩きます。基本的には来客の前を歩きつつ誘導し，階段を上る際には来客を見下ろす形になることは避けて先を歩いてもらいます。 3．エレベーターでは，案内者が操作盤を操作し，開閉ボタンを押し続け，来客から先に降りてもらいます。

設問2

解答	1．イ　2．ア　3．ア　4．イ　5．イ
解説	1．来客応対中に外線電話が鳴ったときは，来客応対を優先します。来客に断って電話に出るのは，目の前の来客に失礼な態度となります。 4．「いつもお世話になっております」はビジネス電話の常套句です。聞き覚えのない会社名であっても感じよく挨拶します。 5．名指し人に取り次ぐときは，保留ボタンを押した上で，名指し人に相手の会社名，名前，用件を伝えます。

設問3

解答	1．ア　2．イ　3．イ　4．ア　5．ア
解説	2．紹介を受ける立場であれば面談時に立って挨拶をします。座ったまま挨拶することは失礼となります。 3．社内外の人を引き合わせするときは，先に社内の人を社外の人に紹介するようにします。

設問4

解答	1．ウ（主題別整理法）　　　2．オ（標題別整理法）　　　3．ア（一件別整理法） 4．エ（相手先別整理法）　　　5．イ（形式別整理法）
解説	仕事を円滑に進めていくためには，必要な書類がすぐに取り出せるようにしておきます。効率的に分類整理し，保管するためにはファイリング用具を有効に利用し，分類方法の理解などが必要となります。

設問5

解答	1．オ（ビュッフェパーティー）　　　2．ア（ディナーパーティー） 3．エ（会席料理）　　　4．イ（精進料理）　　　5．ウ（懐石料理）
解説	ビジネスから一時離れ，親睦を図るために「会食」をすることがあります。食事を共にしながら楽しい会話をすることで人との距離が縮まり，ビジネス上の関係性も深まります。また，料理によってマナーにはそれぞれ違いがあることを知っておきましょう。

設問6

解答	1．エ（古希）　　　2．ウ（喜寿）　　　3．オ（傘寿）　　　4．ア（米寿） 5．イ（卒寿）
解説	賀寿は，節目の年齢に長寿をお祝することです。その人の長寿を祝福し更に元気でいてほしいという願いを込めて祝います。 ・還暦（満60歳）・・・干支が戻って生まれたときに戻るという意味。 ・古希（70歳）・・・唐の詩人杜甫の「人生七十古来稀なり」からきています。 ・喜寿（77歳）・・・七を三つ組み合わせた形が「喜」の字になるためです。 ・傘寿（80歳）・・・八と十を組み合わせた形が「傘」の字になるためです。 ・米寿（88歳）・・・八と十と八を組み合わせた形が「米」の字になるためです。 ・卒寿（90歳）・・・九と十を組み合わせた形が「卆」で「九十」に分解できるためです。 ・白寿（99歳）・・・百から一を引いた形が「白」になるためです。

設問7

解答	1．ア　　2．ア　　3．イ　　4．ア　　5．イ
解説	3．1年に1回ほどの頻度で名刺を整理し，不要になった名刺はシュレッダーで破棄します。 5．名刺整理箱は，箱に名刺を立てて整理します。いただいた名刺や使用した名刺はガイドのすぐ後ろに入れて保管します。

設問8

解答	オ
解説	書留郵便を送るときは，郵便局で手続きを行います。ポストに投函することはできません。

設問9

解答	イ
解説	参加者全員が顔を向き合わせ，適度な距離感で意見交換が行えるレイアウトは，「口の字型」です。

第1問【社会常識】

設問1

解答	1．ウ（天変地異）　　　2．ア（馬耳東風）　　　3．ア（四面楚歌） 4．ア（一触即発）　　　5．エ（綱紀粛正）
解説	1．「因果応報」は，悪い行いをすれば後で必ずその報いを受けることの意。「自然淘汰」は，環境変化に適応したものが生き残り，それ以外は滅びることの意。「風光明媚」は，自然の景色が大変美しいことの意。 2．「我田引水」は，自分だけの都合を考えて物事を進め，周囲に配慮しないことの意。「支離滅裂」は，理論がまとまっておらず筋道が立っていないことの意。「付和雷同」は，自分の考えが明確ではなく，安易に他人の言動に同調することの意。 3．「五里霧中」は，手掛かりがなく方向性を打ち出せない状態のことの意。「疑心暗鬼」は，疑いの気持ちを持っていると些細なことに不安を感じることの意。「孤軍奮闘」は，支援者がいない中で一人懸命に努力することの意。 4．「悪戦苦闘」は，困難な状況下でも苦しみながら必死に努力することの意。「千載一遇」は，もう二度とやってこないような絶好の機会のことの意。「不可抗力」は，人間の力ではどうすることもできない力や事態のことの意。 5．「一心不乱」は，物事に集中して他のことによって心が乱れないことの意。「一刀両断」は，ためらいや迷いを捨てて思い切って物事を決断することの意。「品行方正」は，心のあり方や行動が正しくて立派なことの意。

設問2

解答	1．オ（OJT）　　　2．ウ（JA）　　　3．オ（CFO） 4．エ（UNESCO）　　　5．エ（WHO）
解説	1．OJT（職場内教育訓練）は，On-the-Job Trainingの略称です。 2．JA（農業協同組合）は，Japan Agricultural Cooperativesの略称です。 3．CFO（最高財務責任者）は，Chief Financial Officerの略称です。 4．UNESCO（国際連合教育科学文化機関）は，United Nations Educational, Scientific and Cultural Organizationの略称です。 5．WHO（世界保健機関）は，World Health Organizationの略称です。

設問3

解答	1．イ（マニラ）　　　2．ウ（カトマンズ）　　　3．ウ（ベルン） 4．ア（オスロ）　　　5．ア（キャンベラ）
解説	グローバル化が一層進む現代において，さまざまな国に関する基本的な情報は，社会人として必要な知識です。私たちの日常生活にも直接的，間接的に影響を及ぼす国際情勢に関するニュースなども見聞きし，知識を拡充していきましょう。

設問4

解答	1．イ（リーダーシップ）　　　2．ア（タイムリー）　　　3．エ（フォロワーシップ）
	4．ウ（報告）　　　　5．オ（主体性）
解説	組織やチームが目標を達成するためには，強いリーダーシップとそれを支えるフォロワーシップとが，相乗効果を発揮している状態を作り出すことが大切です。目標を明示し，率先して行動するリーダーにとって，部下やメンバーからの信頼を得ることは重要です。一方，部下やメンバーは，リーダーからの指示に従うだけではなく，自ら考え，周囲と協働しながら目標達成に貢献しようと取り組むフォロワーシップを発揮させることが必要です。

設問5

解答	1．エ（ボーダーレス）　　　　2．オ（EU）　　　3．イ（AU）
	4．ウ（グローバルスタンダード）　　　5．ア（IT）
解説	グローバル化や情報技術の発展によって，国家間の垣根が低くなり，地域間の連携が加速したため，新たな分野における共通のシステム構築の重要性が一層高まっています。一方で，自国の利益を最優先する逆行した動きも出ていますので，ビジネスをする上では国際情勢に敏感でなくてはなりません。

設問6

解答	1．ア　　2．イ　　3．イ　　4．イ　　5．ア
解説	2．税金の使い道による分類は，「普通税」と「目的税」です。
	3．税金は，一般的に好景気時に「増税」，景気後退時に「減税」が実施されます。
	4．企業が活動をする上で関わるすべての利害関係者を「ステークホルダー」といいます。

第2問【コミュニケーション】

設問1

解答	1．エ（簡略化）　　　2．イ（瞬時）　　　3．ア（複数）　　　4．オ（添付）
	5．ウ（緊急）
解説	ビジネスの連絡方法として電子メールは欠かせないものとなっています。ビジネスメール作成の留意点は，次のとおりです。
	1．メールアドレスは正確に入力する
	2．件名はひと目で分かるものにする
	3．本文は形式にそって簡潔にまとめる

設問2

解答	1．ア　　2．イ　　3．イ　　4．ア　　5．ア
解説	2．「大塚様でございますね」が不適当です。「ござる」は「ある」の謙譲語です。「いる」の尊敬語「いらっしゃる」の「大塚様でいらっしゃいますね」が適当です。
	3．「お座りになって」が不適当です。「お掛けになって」が適当です。

設問3

解答	1．イ　　2．ア　　3．ア　　4．イ　　5．ア
解説	1．「督促状」は，約束したことが実行されない場合，それを催促する文書 4．「照会状」は，不明な点を問い合わせて的確な回答を得るための文書 　社外文書には他に次のようなものがあります。 ・案内状…会議の開催，新商品の説明会など会合や行事を案内する文書 ・回答状…照会や依頼を受けた事柄へ回答する文書 ・承諾状…相手からの依頼や交渉，督促などに対して承諾の意思を伝える文書 ・詫び状…当方の不手際（ミス）や相手に損害を与えた場合の謝罪を述べる文書

設問4

解答	イ
解説	説明の仕方のポイントは，次のとおりです。 ・説明する内容を十分理解してから話す。 ・分かりやすい言葉で順序よく話す。 ・相手との共通の意味にとれる言葉で話す。専門用語・カタカナ語・外国語などは相手に合わせて使う。 ・内容を予告してから話す。 ・長い説明や複雑な内容のときは，途中で相手が理解していることを確認する。 ・実物，模型，写真，図表などを活用して具体的に話す。 ・重要なことや複雑なことは，要点を繰り返し話す。 ・不明な点の質問を受ける，こちらから質問してみるなどで，説明不足を補う。

設問5

解答	ウ
解説	「お会いなさりたい」が不適切です。謙譲語の「お会いする」と尊敬語「なさる」の混同です。「お会いしたい」が適切です。

設問6

解答	オ
解説	仕事の指示を受けたときには，期限を確認することが大切です。特に上司から指示を受けたときには，急ぐ仕事がない限りすぐに取りかかるようにします。 ア．エ．「忙しかった」「急ぐと聞いていなかった」などと言い訳をするのは適当ではありません。 イ．ウ．「今後は急ぎであればそのようにおっしゃってください」「急ぎの仕事だと聞いていれば」など期限を言わない上司が悪いような言い方はしないようにします。

第3問【ビジネスマナー】

設問1

解答	1．イ　　　2．ア　　　3．イ　　　4．ア　　　5．ア
解説	1．面談中のときは，面談中であることは伝えますが誰と面談しているかまでは伝える必要はありません。 3．隣の課にいて離席中のときは，離席中であることを伝えます。理由を伝える必要はありません。

設問2

解答	1．ア　　　2．イ　　　3．イ　　　4．イ　　　5．ア
解説	2．会社のホームページで近日発表される情報は，機密情報の可能性もあるためむやみに話すことは控えます。 3．郵送する際は，二重封筒にして中が見えないようにします。内側の封筒には「秘」の印を押し，外側の封筒には「親展」の表示をします。 4．余分なコピーは情報流出の可能性もあるため，必要部数だけをコピーします。

設問3

解答	1．ア　　　2．ア　　　3．イ　　　4．ア　　　5．イ
解説	3．新築祝いは，割れる「鏡」や，切れる「包丁」「はさみ」などは避けるとよいといわれますが，相手の希望を聞いて贈るとよいでしょう。 5．祝賀会には一般的に祝儀や花などを贈ります。

設問4

解答	1．ア（ゆうメール）　　　2．エ（簡易書留）　　　3．オ（普通郵便） 4．イ（現金書留）　　　5．ウ（ゆうパック）
解説	郵便は確実に，タイミングよく適切な方法で届けるために基礎知識を理解しましょう。 1．書籍や雑誌，商品カタログ，ＣＤなどの電磁気記録媒体などの荷物を割安で送ることができます。 2．一般の書留に比べて料金が割安です。万一の場合，5万円までの実損額が賠償されます。 3．領収書は普通郵便で送ります。 4．現金書留専用の封筒を使用します。硬貨を含め50万まで現金を送ることができます。 5．重さや大きさが通常郵便を超えるときに利用します。

設問5

解答	1．オ（ブレーンストーミング）　　　2．ア（バズセッション） 3．エ（フォーラム）　　　4．ウ（パネルディスカッション） 5．イ（シンポジウム）
解説	会議を効率よく進行させるために，会議形式の意味を把握するだけでなく，目的や用途についても正しく理解しておく必要があります。

設問6

解答	1．イ（キャビネット）　　　2．エ（ガイド）　　　3．オ（フォルダー）
	4．ウ（レターファイル）　　　5．ア（デスクトレイ）
解説	昨今，書類の電子化が進んでいるにもかかわらず，書類削減はまだまだ大きな課題として挙げられます。ファイリング用具は，日々増える書類や資料を効率よく分類整理し，保管する目的で利用されます。作業効率を上げるために，ファイリング用具を活用し，普段から整理整頓を心掛け，必要な書類がすぐに取り出せるようにしておくことが重要です。

設問7

解答	1．ア　　　2．ア　　　3．イ　　　4．イ　　　5．イ
解説	3．ナプキンは，折り目を手前にしてひざの上に置き，食事が終わったらテーブルの上に置きます。中座せざるを得ないときは椅子に置きます。
	4．ナイフやフォークなどは供される食事の順番に合わせ外側から使用します。
	5．食事の速度は，周囲の人に合わせるようにします。

設問8

解答	エ
解説	応接室に案内されたときは，必要な書類は手元に準備し，かばんは足元に置きます。

設問9

解答	イ
解説	来客や上司と廊下ですれ違うときは，脇に寄って会釈をするようにします。

第1問【社会常識】

設問1

解答	1．ウ（自画自賛）　　　2．イ（以心伝心）　　　3．イ（本末転倒）
	4．エ（朝令暮改）　　　5．イ（白羽の矢が立つ）
解説	1．「自業自得」は，自分が行ったことの報いを自分が受けることの意。「美辞麗句」は，きれいに飾り立てているが，内容や誠意がない言葉のことの意。「一喜一憂」は，状況が変化するたびに喜んだり不安になったりすることの意。
	2．「意気投合」は，お互いの気持ちが通じ合い，波長がうまく合うことの意。「呉越同舟」は，敵と味方が同一の困難に対して協力することの意。「不言実行」は，やるべきことを黙って実行することの意。
	3．「天変地異」は，自然界で起こる災害や珍しい現象のことの意。「大同小異」は，細かな点には差異があるが，大きな差がなく似かよっていることの意。「優柔不断」は，決断すべきときにぐずぐずしてなかなか決めることができないことの意。
	4．「大義名分」は，ある行動の基準となる道理や理由のことの意。「言語道断」は，あまりにひどすぎて話にならないことの意。「起承転結」は，文章あるいは物事の組み立てや構成の意。
	5．「光陰矢の如し」は，時間や年月が経過するのは非常に早いことの意。「鶴の一声」は，議論がまとまらない時などに発せられる決定権者による一言の意。「鎬を削る」は，激しく競い合うことの意。

設問2

解答	1．ウ（WTO）　　　2．イ（GNP）　　　3．ウ（EXPO）
	4．イ（M&A）　　　5．エ（FAQ）
解説	1．WTO（世界貿易機関）は，World Trade Organizationの略称です。
	2．GNP（国民総生産）は，Gross National Productの略称です。
	3．EXPO（万国博覧会）は，Expositionの略称です。
	4．M&A（企業の合併・買収）は，Mergers and Acquisitionsの略称です。
	5．FAQ（よくある質問と回答）は，Frequently Asked Questionsの略称です。

設問3

解答	1．エ（パリ）　　　2．オ（ブリュッセル）　　　3．ウ（ハノイ）
	4．オ（ニューデリー）　　　5．エ（ハバナ）
解説	国際情勢において急激な変化も発生し得る今日，新興国や発展途上国も含め幅広い情報を把握することは非常に重要です。日本との関係性の強弱にかかわらず，さまざまな国の情報や他国間の関係性にも目を向けるなど，視野を広く持って学んでいきましょう。

設問4

解答	1．ア（法人）　　　2．エ（公共サービス）　　　3．オ（地方自治体） 4．イ（好景気）　　　5．ウ（景気低迷期）
解説	世の中は，公共サービスの充実のためにあらゆる場面で税金が徴収される仕組みになっています。言い換えると，私たちは，納税の義務をしっかりと果たすことが求められているということです。

設問5

解答	1．エ（人事管理体制）　　　2．ウ（性別）　　　3．ア（リコール） 4．オ（ハラスメント）　　　5．イ（ブランドイメージ）
解説	現代では，企業としての問題意識や危機管理能力が低いと，社会からの信頼をすぐに失い，回復することは容易ではありません。法令遵守（コンプライアンス）を徹底するとともに，情報開示（ディスクロージャー）を推進し，説明責任（アカウンタビリティー）をしっかりと果たしていくことが極めて重要です。

設問6

解答	1．イ　　2．ア　　3．イ　　4．ア　　5．イ
解説	1．APEC（Asia-Pacific Economic Cooperation）は，「アジア太平洋経済協力」の略称です。 3．PDCAは，計画（Plan）・実行（Do）・「評価（Check）」・改善（Action）の頭文字をつなげたものです。 5．公益法人や民間の団体などが実施する試験によって，官庁や担当大臣が認定する資格は「公的資格」です。

第2問【コミュニケーション】

設問1

解答	1．ウ（事実）　　　2．エ（改善策）　　　3．ア（比較）　　　4．オ（場所） 5．イ（機会）
解説	注意・忠告の仕方のポイントは，次のとおりです。 ・事実をよく調べ，原因をよくつかみ，効果を予測する。 ・タイミングを考え，なぜそうなったのか根拠を示し，改善策を示す。 ・時と場所を考える。他の人と比較しない。人前で恥をかかせない。 ・忠告した後は，効果を見守る。改善されないときは，繰り返し注意する。

設問2

解答	1．イ　　2．イ　　3．イ　　4．ア　　5．ア
解説	1．「賜っておりますでしょうか」が不適当です。「承っておりますでしょうか」が適当です。 2．「お休みでいらっしゃいます」が不適当です。「休ませていただいております」が適当です。社外の人に対して，自分の上司のことは尊敬語ではなく謙譲語を使用します。 3．「ご拝受くださいましたでしょうか」が不適当です。「拝受」は「受領しました」をさらに丁寧に表現した言葉です。「拝」にすでに謙譲の意味がありますので，相手が受け取るときに使うのは不適当です。「お受け取りくださいましたでしょうか」が適当です。文書などでは「ご査収くださいましたでしょうか」が適切です。

設問3

解答	1．ア　　　2．ア　　　3．イ　　　　4．イ　　　　5．イ
解説	3．悔やみ状は頭語・前文を省略し，主文から書くようにします。 4．「吉日」を使う際には，日付は不要です。「令和○年○月吉日」と書きます。 5．主に縦書きにして，頭語・前文・主文・末文・結語・発信日付・発信者名・受信者名の順に書くようにします。

設問4

解答	エ
解説	自分が担当者でなかったとしても，今後同じようなことが起きないようにするためにも素直に聞いて詫びるようにします。 ア．片付けは時間のかかるものではありません。課長に指名を頼むことでもありません。 イ．会議室は社員全員が使うものですから，同僚や後輩に「次に使う人のことも考えて，きれいに片付けるようにしましょう」と二度と同じことが起きないように対策をすることが適当です。課長もそのことを期待して，あなたに注意したのかもしれません。課長に注意してほしいと頼むのは不適当です。 ウ．オ．当事者ではない（自分ではない）と言い訳するのは不適当です。

設問5

解答	イ
解説	「□□様でございますね」が不適当です。「ござる」は「ある」の謙譲語です。「いる」の尊敬語「いらっしゃる」の「□□様でいらっしゃいますね」が適当です。

設問6

解答	オ
解説	部内会議を欠席する際は，担当者に理由とともに欠席する旨を伝えます。

第3問【ビジネスマナー】

設問1

解答	1．ア　　　2．イ　　　3．ア　　　　4．ア　　　　5．イ
解説	2．最敬礼は，感謝や謝罪の際に行うお辞儀です。先を急ぎ，追い越さざるを得ないときは会釈をします。 5．外出先から職場に戻らずそのまま帰宅するときは，行動予定表に「直帰」と書きます。

設問2

解答	1．ア　　　2．イ　　　3．イ　　　　4．ア　　　　5．イ
解説	2．名刺交換は，基本的に立ち上がった状態で行います。 3．上司と一緒のときは，上司，自分の順番で名刺交換を行います。 5．名刺を受け取ったら，すぐに名刺入れに入れると失礼となります。胸の高さで保持しつつ両手で持つようにします。

設問3

解答	1．イ　　　2．ア　　　3．イ　　　4．ア　　　5．イ
解説	1．始業直後や終業間際など慌ただしいと思われる時間帯に電話を掛けるのは避けるようにします。 3．勧誘の電話は，丁寧な言葉を使いつつ，はっきりと断ります。 5．基本的に，電話を掛けた側から先に切りますが，電話を受けた相手がお客様や上位者の場合には相手が切った後に切ります。

設問4

解答	1．オ（大安）　　　　2．エ（友引）　　　　3．ア（賀寿） 4．イ（金婚式）　　　5．ウ（御用納め）
解説	1．2．六曜（ろくよう）とは縁起を担ぐ日柄です。大安は縁起の良い吉日とされ結婚式などの慶事を執り行なうにはふさわしい日となっています。また，友引は友を引くとのことから葬儀は行なわないのが原則です。この他に，仏滅（ぶつめつ），先勝（せんしょう／せんかち），先負（せんぷ／せんまけ），赤口（しゃっこう／しゃっく）などがあります。 3．賀寿は，長寿の祝いのことです。 4．金婚式は結婚50周年記念です。他に結婚25周年記念の銀婚式があります。 5．年内の仕事の最終日のことを企業では，「仕事納め」といい，官公庁では「御用納め」といいます。

設問5

解答	1．ア　　　2．イ　　　3．ア　　　4．イ　　　5．イ
解説	2．秘文書や契約書など，重要な文書を送るときは，封筒に「親展」と表記し「簡易書留」にします。 4．ＡＢＣホテルに宿泊している大塚課長宛てに書類を送るときは「ＡＢＣホテル気付　大塚様」とします。 5．毎月50通以上の料金の異なる郵便物を出すときは「料金後納郵便」にします。

設問6

解答	1．ウ（株主総会）　　　2．オ（定足数）　　　3．ア（諮問） 4．エ（採決）　　　　5．イ（動議）
解説	会議を効率よく進行させるために，会議用語の意味を把握するだけでなく，用語の使い方についても正しく理解しておく必要があります。この他，次の用語も合わせて覚えましょう。 ・招集・・・会議開催のために関係者を集めること ・答申・・・諮問に対して答えること ・一事不再議の原則・・・いったん会議で決まったことは，その会期中に二度と持ち出せないという原則のこと ・キャスティング・ボート・・・採決にあたって賛成と反対が同数になった場合，議長が採決のための投票権を行使すること

設問7

解答	1．オ（バックナンバー）　　2．ア（タブロイド紙）　　3．ウ（紀要） 4．イ（機関紙）　　5．エ（奥付）
解説	カタログ・雑誌・新聞は仕事の大切な情報源となります。この他，次の用語も合わせて覚えておきましょう。 ・リーフレット・・・1枚の印刷物 ・既刊・・・既に発行されたもの ・増刊・・・定期刊行物ではあるものの不定期に発行されたもの

設問8

解答	オ
解説	会議中の出席者に掛かってきた電話は，直接取り次がず，メモで出席者に知らせます。

設問9

解答	ア
解説	3人の連名で書く場合は，右側が上位者となり，品川一郎（先輩），大塚真二，上野美咲（後輩）の順に書きます。宛名を左上に書く場合は，左側から上位者となります。また，出産祝いの上書きは，「御祝」「寿」「出産祝」「祝御出産」などがあり，水引は「蝶結び」にします。

第1問【社会常識】

設問1

解答	1．ウ（不可抗力）　　　2．イ（感慨無量）　　　3．ウ（付和雷同） 4．エ（東奔西走）　　　5．ウ（背水の陣）
解説	1．「試行錯誤」は，何度も失敗を重ねながら解決策を見つけ出していくことの意。「自力更生」は，他人の援助に頼らず，自分の力で生活を改め正しく立ち直ることの意。「力戦奮闘」は，力を尽くして自分の能力をふるうことの意。 2．「美辞麗句」は，きれいに飾り立てているが，内容や誠意がない言葉の意。「風光明媚」は，自然の景色が美しいことの意。「言語道断」は，あまりにひどすぎて話にならないことの意。 3．「暗中模索」は，手掛かりのない中で，手を尽くしていろいろ考え探し求めることの意。「朝令暮改」は，命令や指示が頻繁に変更・修正されることの意。「呉越同舟」は，敵と味方が同一の困難に対して協力をすることの意。 4．「起死回生」は，絶望的な状態から立ち直らせることの意。「五里霧中」は，手掛かりがなく方向性を打ち出せないことの意。「独立独歩」は，他人の助けを受けずに自分の力だけで信じた道を行くことの意。 5．「鶴の一声」は，議論がまとまらない時などに発せられる決定権者による一言の意。「鎬(しのぎ)を削る」は，激しく競い合うことの意。「断腸の思い」は，これ以上ないほどの大変つらい思いの意。

設問2

解答	1．ウ（FTA）　　　2．ア（CEO）　　　3．ア（BtoB） 4．エ（IPO）　　　5．オ（NPT）
解説	1．FTA（自由貿易協定）は，Free Trade Agreementの略称です。 2．CEO（最高経営責任者）は，Chief Executive Officerの略称です。 3．BtoB（企業間取引）は，Business-to-Businessの略称です。 4．IPO（新規株式公開）は，Initial Public Offeringの略称です。 5．NPT（核兵器不拡散条約）は，Treaty on the Non-Proliferation of Nuclear Weaponsの略称です。

設問3

解答	1．エ（北京）　　　2．エ（ローマ）　　　3．ア（ワルシャワ） 4．イ（ヘルシンキ）　　　5．エ（テヘラン）
解説	私たちは，日常生活の中で海外のさまざまな情報に接しています。ビジネスにおいては，世界中で発生するさまざまなニュースに常に関心を持ち，情報をアップデートすることが必要不可欠です。国名と首都名を正しく理解しておくことは，社会人としての常識です。

設問4

解答	1．イ（国土交通省）　　　　2．エ（総務省）　　　　3．ウ（経済産業省） 4．オ（財務省）　　　　　　5．ア（内閣府）
解説	各中央省庁は，領域や分野ごとに管轄が分かれ，それぞれが行政機能を果たしています。解答以外の省庁や他の管轄についても確認しておきましょう。

設問5

解答	1．イ（時間軸）　　2．エ（人事異動）　　3．オ（研修）　　4．ア（目標） 5．ウ（意欲）
解説	キャリアを形成する上で，与えられた機会を活用することはもちろん，自らセミナーに参加するなどの主体的行動も重要です。そうした取り組みは，自身の能力を高めるだけでなく，モチベーションの維持や向上にもつながります。

設問6

解答	1．ア　　　2．イ　　　3．イ　　　4．イ　　　5．ア
解説	2．ステークホルダーへの説明責任や説明義務は「アカウンタビリティー」です。 3．リスクを日常的に想定し，準備や対策を立てる管理手法は「リスクマネジメント」です。 4．公務員や私立学校教職員とその被扶養者が加入する公的社会保険は，「共済組合」です。

第2問【コミュニケーション】

設問1

解答	1．オ（人間関係）　　　　2．イ（身だしなみ）　　　　3．ウ（話し方） 4．ア（笑顔）　　　　　　5．エ（相手目線）
解説	接遇のポイントは次のとおりです。 ・清潔感があり，働きやすく，機能的であるなど，イメージアップにつながる身だしなみ ・安心感を与える声掛けや話し方 ・親しみやすい笑顔，やさしいまなざしの表情 ・相手目線の対応，表情

設問2

解答	1．ア　　　2．イ　　　3．ア　　　4．イ　　　5．イ
解説	2．「ご記入していただき」「お送りしてください」が不適当です。「ご記入いただき」「お送りください」が適当です。尊敬語と謙譲語の混同に気をつけましょう。 4．「ご苦労様」が不適当です。「お疲れ様」が適当です。「ご苦労様」は目下の人に対してかける労いの言葉です。上位者などに対しては失礼になります。 5．「ご覧になられて」が不適当です。「ご覧になって」が適当です。尊敬語の「ご○○になる」と「○○られる」が一緒になることで二重敬語になり不適切です。

設問3

解答	1．イ　　2．ア　　3．ア　　4．イ　　5．ア
解説	1．相手がすぐに読んでくれるとは限りませんので，緊急の用件伝達には不向きです。 4．メールの宛先を公にしないで送りたいときには，送信先のＢＣＣに相手のアドレスを入力します。 　ビジネスメールの特徴は次のとおりです。 ・距離に関係なく瞬時に送信ができる ・相手の都合に関係なく送信ができる ・同時に複数の相手に文書を送信することができる ・文書，写真などを添付して送信することができる ・返信時に，相手のメール文章の引用ができる ・文字情報として連絡するので，記録として残すことができる

設問4

解答	イ
解説	ア．「納得なされていました」が不適切です。「納得なさっていました」が適切です。 ウ．「役不足」とは，与えられた役目に対してその人の力量の方が大きいことです。「力不足」とは，その人の力量が与えられた役目より小さいことを意味します。この場合は，「力不足」が適切な表現となります。 エ．「頑張らせていただきます」が不適切です。「頑張ります」が適切です。 オ．職場では苦手な人とも上手に付き合い，仕事を円滑に進めることが大切です。

設問5

解答	イ
解説	上司の家族に対しては，上司のことは尊敬語を使います。「品川は外出しております」は不適切です。「品川課長は外出なさっています」が適切です。

設問6

解答	エ
解説	上司や先輩から注意を受けるときのポイントは次のとおりです。 ・「申し訳ございませんでした。以後気をつけます」と素直に詫びる。 ・言われた内容を冷静に受け止め反省する。 ・責任を回避しない。「だって」「どうせ」「でも」などの言葉は避ける。

第3問【ビジネスマナー】

設問1

解答	1．ア　　2．ア　　3．イ　　4．イ　　5．ア
解説	3．仕事では良好な関係性を保つために適切な距離を保ち，同僚の名前は「○○さん」と苗字で呼びます。 4．所属部署の事務所に入室するときは，ノックは不要です。所属部署以外の事務所や応接室などに入室するときは，ノックをしてから入ります。

設問2

解答	1．ア　　2．イ　　3．ア　　4．イ　　5．イ
解説	2．取引先を訪問する際，バッグは肩から外して持ち歩くようにします。
	4．待機中もきちんとした姿勢，態度を心がけます。腕や足を組んだり，ソファに深々と座ると横暴な印象を与えます。面談希望者が入室したらすぐに面談を始められるように必要書類などを準備して待機しています。
	5．面談の相手が入室したら，立ち上がりこちらから挨拶をします。

設問3

解答	1．イ　　2．イ　　3．ア　　4．イ　　5．ア
解説	1．始業直後は，慌ただしい時間帯のため電話を掛けるのは避けます。
	2．間違い電話を掛けたときは，間違えたことを謝罪しますが，自分の名前や連絡先は伝える必要はありません。
	4．基本的には電話を掛けた側が先に切りますが，電話を受けた相手がお客様や上位者の場合には相手が切った後に切ります。また，電話は静かに置いて切るようにします。

設問4

解答	1．オ（焼香）　　　　2．エ（玉串奉奠）　　　　3．ウ（献花）　　　　4．ア（供花）
	5．イ（法事）
解説	人が亡くなったという知らせ，いわゆる訃報は突然受けるものですが，迅速な対応と細やかな配慮が必要です。この他，次の用語も合わせて覚えておきましょう。
	・供物（くもつ）・・・神仏や霊前に供える物品のこと
	・香典（こうでん）・・・霊前に供える金銭のこと
	・袱紗（ふくさ）・・・不祝儀袋を入れる包み

設問5

解答	1．ア　　2．イ　　3．ア　　4．イ　　5．ア
解説	2．意見交換がしやすい机の配置は，口の字型や島型です。スクール型は，勉強会や講演，セミナーなど，1人が複数の人に対して情報伝達を行う際に向いています。
	4．オブザーバーは，会議に出席を許されていて発言することはできるが会議の正規メンバーではないため議決権を有していない人のことです。座席は，会議室の後方に座るようにします。

設問6

解答	1．エ（脚）　　　　2．ウ（基）　　　　3．オ（編）　　　　4．ア（膳）
	5．イ（客）
解説	物の数え方は，さまざまな表現があります。この他，次の数え方も覚えましょう。
	・手紙・・・通
	・会議・・・件
	・書類・・・部
	・寄付・・・口
	・銀行・・・行
	・新聞・・・部（数量），紙（種類）

設問7

解答	1．エ（総務部）　　　　2．オ（営業部）　　　　3．イ（人事部）　　　　4．ア（財務部）
	5．ウ（企画部）
解説	1．総務部は，会社全体の業務を円滑に行なうための仕事を幅広く担当します。取締役会は取締役が行う会議で総務部が関わります。
	2．営業部は，顧客が抱える課題解決のために会社の商品やサービスを提案して販売し，直接売上げと利益に貢献します。取引先一覧表は営業部が関わります。
	3．人事部は，人材確保と人材育成，労務管理などを行ないます。社員研修は人材育成の一環で人事部が関わります。
	4．財務部は，企業活動で発生するさまざまなお金の情報を収集し管理します。貸借対照表は，決算時など一定の時点の企業の財政状態を明確に示したもので財務部が関わります。
	5．企画部は，市場調査などの各種調査や新商品開発などの活動を行ないます。

設問8

解答	イ
解説	日程は，決定前は候補日も記しておき，決定してから他の候補日を消すようにします。

設問9

解答	ア
解説	お茶出しの際，お盆にはお茶と重ねた茶たく，ふきんを用意します。茶菓を出すときは，左側にお菓子を，右側にお茶を出します。茶たくの木目は横になるようにします。

全経の検定試験、ネット試験も受付中！

　公益社団法人全国経理教育協会（以下、全経）では、「社会人常識マナー検定試験」（2・3級・Japan Basic）と「中小企業ＢＡＮＴＯ認定試験」のネット試験を開始しました。

　今後は、従来通りのペーパー試験に加え、全国に約360会場あるテストセンターで行うネット試験を実施していきます。

※学校でネットの団体受験を希望される場合、全国経理教育協会にご相談ください。

ネット試験の対象	中小企業ＢＡＮＴＯ認定試験　簿記能力検定も2024年春から開始予定
	社会人常識マナー検定試験　2級／3級／Japan Basic
ネット試験日程	2023年4月15日（土）〜

■ネット試験（CBT方式）とは

　パソコンを使った試験方式のことです。希望するお近くのテストセンターで受験することができます。

　※ペーパー試験の会場では、ネット試験は受験できません。

★ネット試験申し込みサイトで、ネット試験の体験版がお試しいただけます。

■ネット試験のメリット

👑 **ポイント1**　お近くのテストセンター（全国約360会場以上）での受験が可能！受験者の利便性が向上。

👑 **ポイント2**　合否結果が即日わかります！

👑 **ポイント3**　思い立った時に受験申込みができます！お好きな日時で受験が可能。

【 受験申込から試験当日までの流れ −個人受験− 】

ネット試験

ネット試験	ネット試験「受験者専用サイト」で個人情報の登録を行います。マイページから試験を申込みます。
↓	
試験当日	希望するテストセンターで受験できます。本人確認証を持参してください。
↓	
合格発表	受験終了後に即時判定。スコアレポートが配布されます。合格証書はマイページからダウンロード可能。

ペーパー試験	全経の「検定管理システム」で個人情報の登録を行います。マイページから検定試験と受験会場を選択し申込みます。
↓	
試験当日	希望する試験会場（学校等）で受験できます。受験票、筆記用具等を持参してください。
↓	
合格発表	試験日から1カ月以内にマイページで閲覧可能。合格証書は発表後約3週間（個人の方は約4週間）後を目安に郵送。

ペーパー試験申込サイト：　全経「検定管理システム」https://app.zenkei.or.jp

ネット試験申込サイト：　CBTS「受験者専用サイト」https://cbt-s.com/examinee/

ペーパー試験
申込サイト

ネット試験
申込サイト

ご　注　意

① 本書は，「著作権法」によって，著作権等の権利が保護されている著作物です。無断で転載，複写されると，著作権等の権利侵害となります。上記のような使い方をされる場合には，あらかじめ当協会宛に許諾を求めてください。

② 本書の内容に関しては訂正・改善のため，将来予告なしに変更することがあります。
本書の内容について訂正がある場合は，ホームページにて公開いたします。
本書発刊後の法改正資料・訂正資料等の最新情報なども含みます。

③ 本書の内容については万全を期して作成いたしましたが，万一ご不審な点や誤り，記載漏れなどお気づきのことがありましたら，当協会宛にご連絡ください。
過去問題は，当該年度の出題範囲の基準により作成しています。本年度の検定試験は別表の出題範囲にあわせて問題作成いたします。

④ 落丁・乱丁本はお取り替えいたします。

⑤ 誤りでないかと思われる個所のうち，正誤表掲載ページに記載がない場合は，
・「誤りと思われる内容（書名／級段／施行回数／ページ数／第○問　等)」
・「お名前」
を明記のうえ郵送またはメールにてご連絡下さい。
回答までに時間を要する場合もございます。あらかじめご了承ください。
なお，正誤のお問い合わせ以外の書籍内容に関する解説・受験指導等は，一切行っておりません。

〒１７０−０００４　東京都豊島区北大塚１−１３−１２
公益社団法人全国経理教育協会　検定管理課
ＵＲＬ：https://www.zenkei.or.jp/
メール：helpdesk@zenkei.or.jp

メールフォーム

正誤表掲載ページ

令和6年度版　社会人常識マナー検定試験
第38回・第40回・第42回・第44回・第46回・
第48回・第50回・第52回・第54回
過去問題集　2級

2024年4月1日　第十四版発行

発行所
公益社団法人 全国経理教育協会
〒170-0004 東京都豊島区北大塚1丁目13番12号　Tel.03 (3918) 6131　Fax.03 (3918) 6196
http://www.zenkei.or.jp

発売所
株式会社清水書院
〒102-0072 東京都千代田区飯田橋3-11-6　Tel.03 (5213) 7151　Fax.03 (5213) 7160
https://www.shimizushoin.co.jp/

印刷所
㈱エデュプレス
ISBN978-4-389-43068-9
乱丁，落丁本はお手数ですが当社営業部宛にお送りください。
送料当社負担にてお取り替えいたします。
［東京オフィス］
〒110-0005 東京都台東区上野3-7-5　Tel.03 (5807) 8100　Fax.03 (5807) 8101